Michael Kleemann

Magische Wege

Besondere Wanderungen in den Münchner Hausbergen

*Ich danke Frau Euthum, die mir bei der Entstehung dieses Buches
in vielen Gesprächen eine Quelle der Inspiration und
eine große Hilfe war.
Am Abgabetag meines Manuskripts erfuhr ich
vom Tod Ihrer jungen Tochter. Ich wünsche Frau Euthum nach Ihrer
Trauerarbeit alle Kraft für ein erfülltes Leben.*

Michael Kleemann

Magische Wege

Besondere Wanderungen
in den Münchner Hausbergen

Edition Förg

INHALT

Vorwort

Während meiner langjährigen Arbeit als Tourenführer für Verbände wie den Deutschen Alpenverein, den Bund Naturschutz und die Stiftung Attl machte ich eine verblüffende Erfahrung: Während bestimmter Wanderungen beobachtete ich bei den Teilnehmern eine ungewöhnlich starke positive Befindlichkeit, die sich im Laufe der Tour einstellte oder noch steigerte. Ich wunderte mich und begann nach der Ursache zu forschen – bis ich den gemeinsamen Nenner dieser Wanderungen herausfand: Der körperliche und seelische Zustand von Harmonie und Kraft stellte sich hauptsächlich bei Wanderungen in entlegene Gebiete mit tiefen Schluchtwäldern, Wasserfällen und Bachläufen ein.

Liebe Leserin, lieber Leser, an dieser Stelle soll kein wissenschaftlicher oder kulturgeschichtlicher Abriss über „Orte der Kraft" geliefert werden. Zum einen gibt es zahlreiche naturwissenschaftlich ernstzunehmende, ebenso wie auch spekulative Abhandlungen zum Thema, zum anderen würde es den Rahmen des vorliegenden Bandes sprengen.

Mein Buch ist als Wegweiser für eine neue Form des Wanderns zu verstehen, die Ihr Leben bereichern kann und auf die ich Sie im Folgenden einstimmen und Impulse geben möchte.

Michael Kleemann

Können Wege magisch sein?

Man ist, wo man ist

Man ist, was man isst. Diese alte Volksweisheit kennt jeder. Aber ist man nicht auch, wo man ist? Ändert sich mit dem Ort, an dem wir uns aufhalten, nicht unsere Befindlichkeit – und über einen längeren Zeitraum gesehen unsere körperliche und seelische Verfassung? Worauf ich bei meiner beruflichen Tätigkeit aufmerksam wurde, war durch alle Zeiten und Kulturen ein zentraler Moment bei der Erhaltung und Erlangung des Wohlbefindens und der Gesundheit.

Begriffe wie Kraft, Energie oder auch Schwingung sind im asiatischen Kulturkreis als Prana oder Chí (auch Qi bzw. Ki) bekannt. Es handelt sich um jene Lebensenergie oder Lebenskraft, die alles durchdringt und so auch den Körper und Geist beeinflusst. Im Griechischen wird sie pneuma, im Polynesischen mana und im Hebräischen ruah genannt, was so viel wie „Atem des Lebens" bedeutet. Richtet man den Blick in diesem Zusammenhang auf den Raum, oder in unserem Falle die Natur, so gibt es drei Hauptquellen, die auf den Energiefluss wirken: Sonne, Luft und Erde beziehungsweise Fels. Eine ebensowichtige Rolle spielt das Wasser, das Energie aus dem Sonnenlicht, der Luft und aus der Erde aufnimmt. Das Zusammenspiel dieser Kräfte findet seine Fortsetzung in der Pflanzenwelt. All diese Faktoren ergänzen und beeinflussen sich gegenseitig. Je nach Art der Energie sprechen wir bei Bäumen auch von einem Kraftfeld, an Felsnischen und Höhlen von Kraftorten, das Gebirge selbst betreffend von Erdstrahlung.

Als Energieniveau wird die Stärke dieser Energieformen bezeichnet. Sie ist hierbei in einem Spektrum von schwachem über mittleres bis zu hohem Energieniveau unterteilt. Es gibt auch eine exakte Maßeinheit, den Bovis-Wert, aber wir wollen lieber in dieser einfachen Form die auch für Sie wahrscheinlich spürbaren Unterschiede kennzeichnen.

„Energiequellen“ auf unseren Wanderungen

Erde und Fels

Für das Energieniveau einer Gebirgsregion spielen die Eigenheiten der Gebirgsauffaltung sowie der Anteil an felsigem Untergrund eine große Rolle. Die Kartenskizze auf Seite 14/15 gibt einen Überblick über unser Tourengebiet.
Im Osten sind dabei großflächige Strahlungsfelder anzutreffen. Es handelt sich hier nämlich um massige Kalkstöcke und Hochflächen – zum Beispiel im Alpingarten Lattengebirge oder in der Aschauer Klamm, also in der Nähe von Berchtesgaden und Bad Reichenhall. Deswegen gibt es in diesen Gebieten Kraftfelder, die auch als tiefwurzelnde schwarze Energie bezeichnet werden. Sie verhelfen dem Menschen zu Bodenständigkeit und Erdhaftung.
Nach Westen hin nimmt die Auffaltung der Gebirge ständig zu. Die Berge haben hier weniger Masse, ihre Flanken sind steil und die Gipfel relativ hoch. Zum Beispiel in der Gleirschklamm oder am Hohen Fricken in der Garmischer Gegend. Dort sind punktuelle Kraftfelder zu finden, die aber dann – an bestimmten Kraftorten – hochenergetisch sein können. Dieser Wechsel zwischen stärkeren und schwächeren Energiefeldern steht für Emotionalität und Impulsivität.
Zwischen diesen beiden Zonen mit ihrer eindeutigen Charakte-

ristik, also in der Mitte unseres Wandergebiets, finden wir Anteile von beiden Formen – desto ausgeprägter, je mehr wir uns den „Extremregionen" im Osten oder Westen nähern. Zudem bilden einige Touren in diesem Bereich ganz eigene Kraftfelder in den Schluchten, unabhängig von der Erdstrahlung der umliegenden Berge. Ein Beispiel ist die Jenbachschlucht bei Bad Feilnbach. Fast alle Touren in diesem Buch spielen sich in „zweiter Reihe" ab, hinter dem Bereich der Vorberge – dort, wo die felsigen Kalkstöcke innerhalb unterschiedlicher Trias-Formationen Erdstrahlung abgeben. Die Erhebungen am Alpenrand bestehen dagegen zumeist aus aufgeschüttetem Material im Kreideflysch.

Felsabbrüche und -formationen sind besonders energiereiche Zonen. Das liegt einmal an der Bewegung im Gestein, dann am Abtransport von Gestein durch Bäche nach Regen, der für neue, frische Erdstrahlung sorgt. Ebenso spielt die Strahlung des Gesteines selbst eine wichtige Rolle.

Wasser

Wasser nimmt Energie aus der Erdstrahlung und ebenso aus der Sonneneinstrahlung auf. So kommt diese im wahrsten Sinne des Wortes „in Fluss": Aus den Quellgebieten wird sie in die Täler geleitet.

Quellen haben schon immer kultische Verehrung genossen und wurden seit jeher als Kraftorte geschätzt. Ihre spirituelle Dimension ist die Folge ihrer energetischen Rolle: Als Übergänge zwischen Grundwasser und Oberflächengewässern sind sie die Energiezentren des Wassers. Die Wechselwirkung zwischen oberirdischen und unterirdischen Kraftfeldern bildet ein einzigartiges Schwingungsfeld, gleichgültig, wie klein oder groß die Quelle ist.

Bäche, Flußläufe, Wasserfälle übertragen, sozusagen als die verlängerten Arme der Quelle, ihre Schwingungen in reinigender, anregender oder harmonisierender Form auf ihre Umgebung. Sie wirken damit auf Pflanzen, auf den Humus oder auf Tiere ebenso wie auf den Menschen, der sich in diesen Gegenden aufhält. Umgekehrt reichert sich das Wasser wiederum mit Energie an: aus den Pflanzen und Steinen, mit denen es in Berührung kommt, ebenso aus der Luft.

Pflanzenwelt

Alle Pflanzen in der Waldgemeinschaft – ebenso wie übrigens auch wir Menschen – haben ein Kraftfeld, eine „Aura", um sich und geben auf diese Weise auch Strahlung an die Umgebung ab. Die Gleichmäßigkeit und die Intensität der Strahlung hängt von der Gesundheit der Pflanzen ab.

Für alte Nadelbäume trifft das in besonders hohem Maße zu. Es handelt sich hierbei um alte, gut erhaltene Bäume, vornehmlich Kiefern und Lerchen, die einen erhöhten Umfang der energetischen Aura aufweisen. Sie stehen hauptsächlich an exponierten Stellen in Schluchtwäldern.
Die Besonderheit von Latschenkiefern ist es, dass sie viel Sonnenenergie aufnehmen. An heißen Tagen empfinden wir es deswegen oft als unangenehm, Zonen mit solchem Bewuchs zu durchqueren. Später aber nützt uns die Energie, die wir dabei aufnehmen: Sie hilft uns, dass wir uns nach einer anstrengenden Wanderung schneller regenerieren können.
Laubbäume haben allgemein schwächere Kraftfelder als Nadelbäume. Dennoch sind sie nützlich für den Menschen. Eichen mit ihren kräftigen Stämmen gehören dabei zu den energiereichsten Laubbäumen. Birken haben eine feingliedrige Aura. Die glatte Rinde von Buchen lässt dagegen kaum Energie nach außen und erlaubt auch nicht, dass der Baum viel Energie aus der Luft aufnimmt. Allerdings haben die Buchen manchmal Moose an ihren Rinden – häufig kann man das in den Regionen um Garmisch und Tegernsee beobachten. Dadurch wird die Aufnahme von Energie aus der Luft erleichtert, und diese Exemplare sind dann in der Lage, recht starke Kraftfelder aufzubauen.
Der Bergahorn wächst gerne in der Nähe steiler Felsflanken. Seine Wurzeln dringen tief in das Erdreich, vor allem bei den älteren Bäumen. Damit kann man ihn, was seine Kraftfelder angeht, sozusagen als „verlängerten Arm des Berges" ansehen.
Pflanzen und Gräser bilden als Teppich unter dem lichten Wald eine Pflanzengemeinschaft mit den Bäumen und geben selbst Strahlung ab. Das gilt in ganz besonders hohem Maß für Heidekraut, Blaubeersträucher und für den Bewuchs in Sumpfgebieten – hier tragen alle Pflanzenarten zu dem besonderen Energiereichtum bei.

Schluchtwälder als klimatische und energetische Besonderheit

In einer Schlucht wird das Eindringen kalter Luftmassen durch die schützenden hohen Bergflanken erschwert. Luftbewegungen fallen hier deutlich schwächer aus. Außerdem geben die Wasserfälle und Bäche in der Schlucht feine Wasserpartikel an die Luft ab. Deswegen können sich hier die Pflanzen und Bäume gut entwickeln. Auch seltene Pflanzen finden so hier ihr Zuhause und sorgen für eine einzigartige Aura.

Zu den Wanderungen in diesem Buch

Das Tourengebiet und der Charakter der Wanderungen

Die Wanderungen in diesem Buch haben wir aufgrund unserer oben beschriebenen Erfahrungen für Sie zusammengestellt. Wie sich aus dem Gesagten ergibt, führen sie in der Regel durch Schluchten und entlang von Wasserläufen.
Das Gebiet, das sie abdecken, entspricht im Wesentlichen den „Hausbergen" der Münchner und Oberbayern. Es liegt im Bereich der Nordalpen und reicht von den Berchtesgadener Alpen im Osten bis zum Estergebirge im Westen. Ergänzt wird diese Auswahl durch zwei besondere, aber etwas „entlegenere" Touren in den Hohen Tauern und den Zillertaler Alpen.
Auf jeder dieser Routen erfahren Sie eine Qualität des Wanderns in völlig naturbelassenen Zonen, wie sie nur noch selten anzutreffen sind. Da es keine Bodenversiegelung gibt, kann die Erdstrahlung dort ungehindert entweichen.
Trotzdem legen wir kein „Querfeldein-Wanderbuch" vor. Auf einige Minimalanforderungen an die Weginfrastruktur haben wir streng geachtet. Einmal haben wir nur solche Touren aufgenommen, die gegangen werden können, ohne dass man den empfindlichen Ökosystemen Schaden zufügt. Zum anderen sollte die Wegfindung für jedermann problemlos sein; deswegen folgen wir stets markierten Wanderwegen oder Bergpfaden.

Die Energie spüren

Die Energien, die in unterschiedlichen Ausformungen allen Touren eigen sind, werden Ihr physisches und psychisches Sein beeinflussen.
Wir können sie ganz unbewusst aufnehmen. Dazu bedarf es keiner besonderen Technik. Lediglich eine gewisse innere Ruhe und Gelassenheit sollte sich im Laufe der Wanderung einstellen. Lassen Sie sich treiben! Finden Sie Abstand vom Alltag oder auch der anstrengenden Anreise. Ihre Intuition wird Ihnen Ihren eigenen Ort der Kraft zeigen. Verlassen Sie sich ganz auf ihr Gespür. Versuchen Sie nicht, über dieses Thema angestrengt nachzudenken, denn der Verstand kann uns diese Orte nicht zeigen – er hindert uns sogar eher daran, sie zu finden. Die körperliche Anstrengung, der wir uns bei Touren mit längerem Anstieg aussetzen, wirkt

sich in dieser Beziehung dagegen eher positiv aus: Gerade wenn man geschwitzt hat, kann die Haut durch die Poren vermehrt Energie aus den umliegenden Kraftfeldern aufnehmen. Das gelingt besonders gut beim Abstieg nach einer längeren Gipfelrast.

Wenn Sie auf so einer „Kraftwanderung" aufmerksam in sich „hineinhören", können Sie vielleicht um den Solarplexus – ein wichtiges Nervenzentrum, das im Bereich des Oberbauchs liegt – ein Wärmegefühl wahrnehmen, das sich dann auf den ganzen Körper verteilt.

An Bäumen können feinfühlige Menschen die Kraftfelder spüren. Am besten funktioniert das, wenn Sie vorher Ihre Handflächen sensibilisieren. Drücken Sie dazu einfach an jeder Hand zehn Mal mit dem Daumen auf deren Mittelpunkt. Gehen Sie nun zu „Ihrem" Baum und halten Sie Ihre Hände knapp über die Oberfläche der Rinde. Nun vergrößern Sie den Abstand zum Baumstamm. Bei manchen Menschen stellt sich eine Veränderung in der Handtemperatur ein. Andere spüren einen Widerstand an den Handflächen. Aber auch wenn Sie nichts spüren – genießen Sie den Moment und nehmen Sie Ihre Umwelt bewusster wahr!

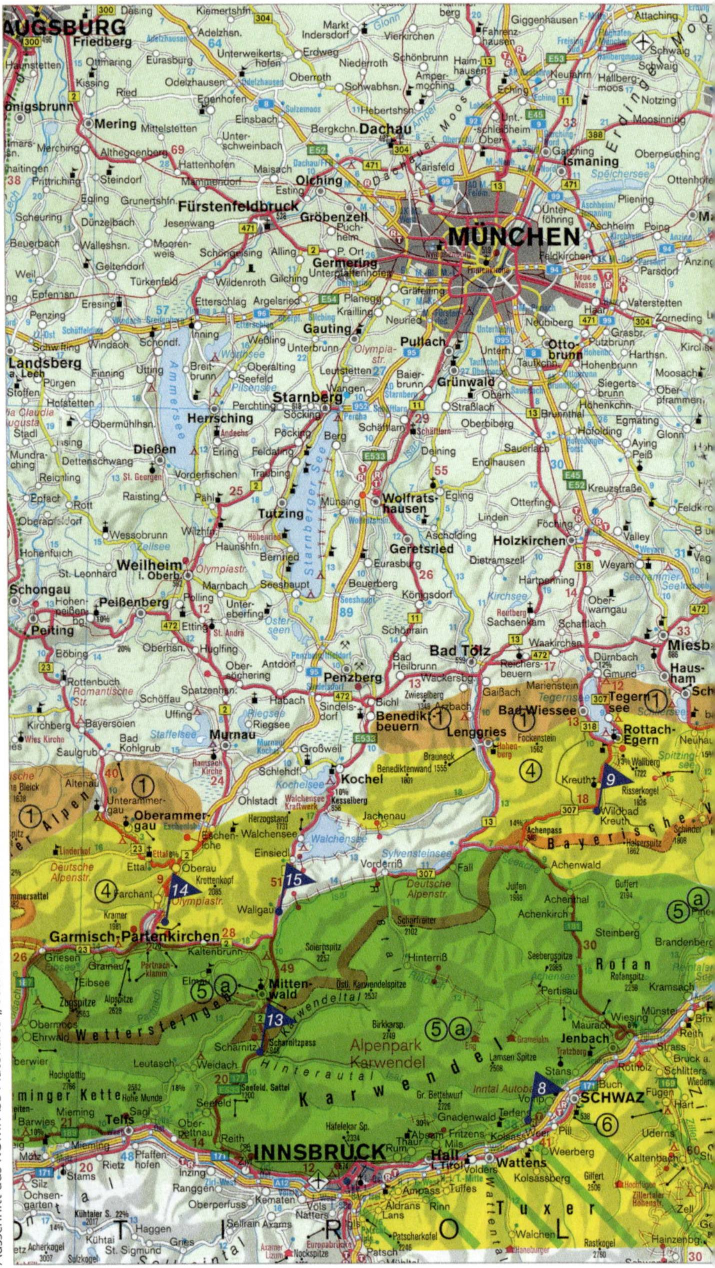

Ausschnitt aus KOMPASS Autokarte „Österreich" Lizenz-Nr: 6-0107-LAB

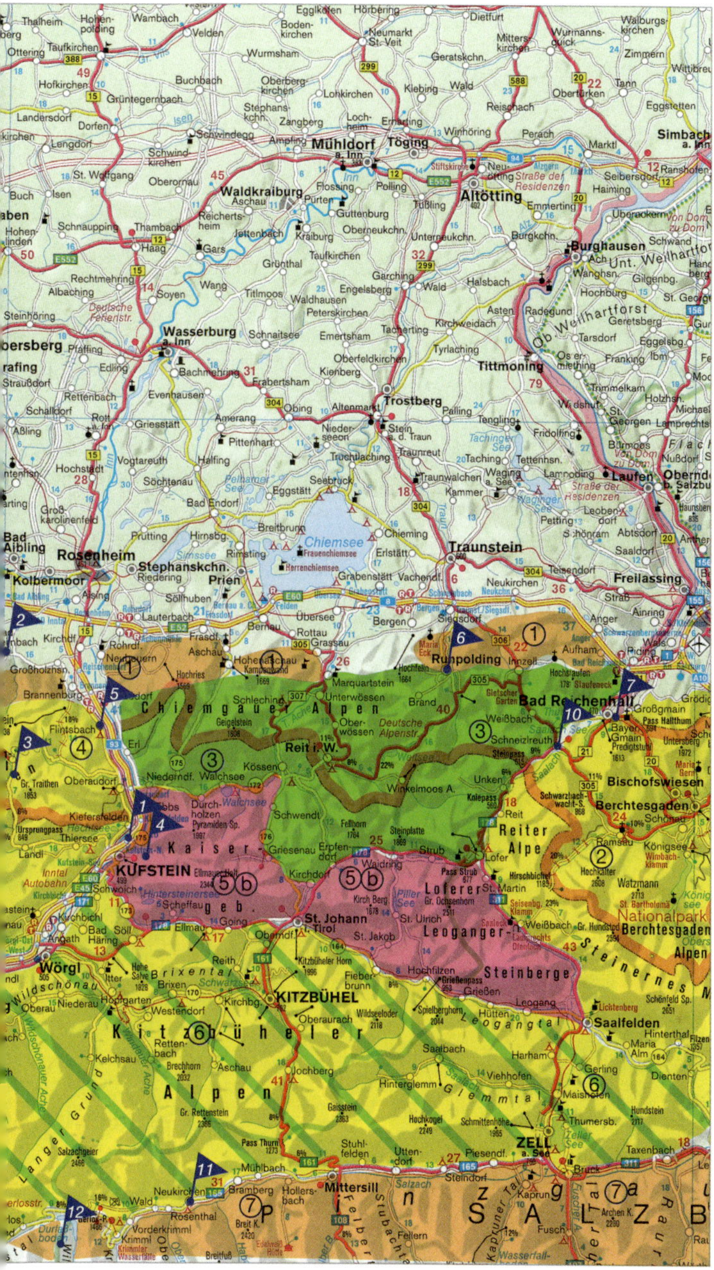

Mühldorf a. Inn
Töging
Altötting
Neumarkt St. Veit
Waldkraiburg
Burghausen
Simbach a. Inn
Unt. Weilhartforst
Ob. Weilhartforst
Tittmoning
Wasserburg a. Inn
Trostberg
Traunreut
Laufen
Oberndorf b. Salzburg
Straße der Residenzen
Chiemsee
Frauenchiemsee
Herrenchiemsee
Rosenheim
Kolbermoor
Bad Aibling
Stephanskchn.
Prien
Traunstein
Freilassing
Siegsdorf
Ruhpolding
Bad Reichenhall
Bischofswiesen
Berchtesgaden
Nationalpark Berchtesgaden
Königssee
Watzmann
Chiemgauer Alpen
Deutsche Alpenstr.
Reit i. W.
Marquartstein
Kössen
Walchsee
Kaiser-geb.
Kufstein
Wörgl
St. Johann i. Tirol
Loferer Steinberge
Leoganger Steinberge
Reiter Alpe
Steinernes Meer
Saalfelden
Kitzbühel
Kitzbüheler Alpen
Brixental
Leogangtal
Glemmtal
Saalbach
Zell a. See
Mittersill
Pinzgau
Salzach
Inntal Autobahn
Wildschönau

Zonen verschiedener Erdstrahlung

1. Vorberge (erste Auffaltung):

Erstreckungsgebiet: Teisendorfer Berg im Osten, über die Tegernseer Berge bis hin zu den Allgäuer Alpen

Unterbrechungen: die Linie der Vorberge wird im Osten zwischen Bergen und Grassau, im Westen zwischen Kochel und Eschenlohe unterbrochen. An dieser Linie der ersten Auffaltung finden wir schon Berge mit hochalpinem Charakter.

Beschaffenheit: wenig Felsformation, Aufschüttungen, Kies, Lehm, Erde

Vegetation: meist Fichtenmonokulturen in Forstwirtschaftlicher Nutzung, Bäume mit schwachen Kraftfeldern

Erdstrahlung: Bodenversiegelung aufgrund Forstwirtschaft, daher geringe Erdstrahlung; Lehm, Erde und Schotterwege versiegeln zusätzlich die Erdoberfläche.

Art: wenn vorhanden, dann gleichmäßtig schwach.

Ausnahmeorte: Berghänge in südwestlicher Ausrichtung zu Seen, wie z.B. Schliersbergalm, Neureuth. Hier stehen die Seen in Verbindung zur Sonneneinstrahlung. Das Temperaturniveau an diesen Berghängen ist dadurch leicht erhöht und lässt das Wachstum von Kiefern, Lärchen und Laubbäumen vereinzelt zu. Dadurch ist eine insgesamt erhöhte Strahlung festzustellen, die sonst in dieser Region nicht anzutreffen ist. Weitere Ausnahmen: Jenbachschlucht – durch die tiefe Eingrabung des Jenbaches in seine Schlucht wird Erdstrahlung aus den angrenzenden Bergflanken freigesetzt.

Maximales Höhenniveau: 1200-1350 m

2. Berchtesgadener Alpen:

Erstreckungsgebiet: Umgrenzung: Bad Reichenhall, Saalfelden, Salzachtal, Salzburg

Beschaffenheit: massige Kalkstöcke mit Hochflächen, z.B. das Steinerne Meer. Unter den Hochflächen liegen Dolinen und Höhlen.

Vegetation: unterer Bereich – Mischwald, mittlerer Bereich – Nadelwald, oberer Breich - Latschenkiefern

Erdstrahlung: hohe, großflächige Erdstrahlung, kaum Bodenversiegelung

Art: tiefwurzelnd, festigend

Maximales Höhenniveau: 2700 m

3. Chiemgauer Alpen (ohne Vorberge)

Erstreckungsgebiet: Umgrenzung: Inntal, Walchsee, Waidring, Lofer, Bad Reichenhall, Ruhpolding, Marquartstein, Aschau, Nußdorf
Beschaffenheit: langgezogene, dichtbewaldete Bergkämme, die nach Osten zunehmend Felsflanken aufweisen und an Höhe gewinnen.
Vegetation: unterer Bereich – Mischwald, mittlerer Bereich – Laub- und Nadelwald (v.a. Buche, Fichte), oberer Bereich – Latschenkiefern, Grasmatten
Erdstrahlung: von der Westgrenze (Heuberg, Hochries) Richtung Osten zunehmende Erdstrahlung (Gurnwandkopf, Sonntagshorn, Hochstaufen).
Art: im Westen: schwache, unruhige Strahlung im Osten ausgleichend, mittelstark
Maximales Höhenniveau: 1850 m (Osten), 1550 m (Westen)

4. Bayerische Voralpen, Brandenberger Alpen, Estergebirge, Ammergauer Alpen

Erstreckungsgebiet: Inntal, Rottach-Egern, Lenggries, Kochel, Oberammergau, Garmisch, Achenpass
Beschaffenheit: die Berghänge fallen im Norden zumeist steil ab, in südlicher Richtung weniger Gefälle
Vegetation: unterer Bereich – Mischwald, teilweise mit erhöhtem Laubanteil, mittlerer Bereich – überwiegend Nadelbäume, oberer Bereich – Latschenkiefern, Grasmatten
Erdstrahlung: im Osten mitteleres, aber großflächiges Niveau (Miesing, Großer Traithen),

nach Westen und Süden hin ansteigend, mit punktuell sehr starker Ausprägung (Großer Fricken, Notkarspitze, Brandenberger Alpen)
Art: anregend
Maximales Höhenniveau: 1850 m (Osten), 2000 m (Westen)

5a) Wetterstein, Mieminger Kette, Karwendel, Rofan

Erstreckungsgebiet: Umgrenzung: Garmisch, Inntal, Achensee, Achenpass, Sylvensteinsee
Beschaffenheit: hochaufragende Kalkstöcke, nach Westen hin an Höhe zunehmend (Wetterstein), nach Osten hin an Fläche zunehmend (Rofan). Langgezogene, entlegende Seitentäler (Karwendel, Wetterstein). Im Vorkarwendel auch Grasberge.
Vegetation: unterer Bereich – Mischwald mit erhöhtem Anteil an Nadelbäumen, mittlerer Bereich – Nadelwald, oberer Bereich – Grasmatten (Vorkarwendel und Rofan)
Erdstrahlung: im Osten flächig (Rofan), nach Westen eher punktuell (Karwendel, Wetterstein)
Art: im Osten erdend, im Westen stark anregend
Maximales Höhenniveau: 2962 m (Westen), 2200 m (Osten)

5b) Loferer Steinberge, Leoganger Steinberge, Kaisergebirge

Erstreckungsgebiet: Umgrenzung: Inntal, Walchsee, Waidring, Saalachtal, Leogang, St. Johann in Tirol, Scheffau
Beschaffenheit: Hochaufragende Kalkstöcke, nach Osten hin an Höhe zunehmend, Gipfel in langgezogenen Bergkämmen
Vegetation: unterer Bereich – Mischwald (nach Osten hin vermehrt Nadelbäume)
Erdstrahlung: im Westen mittlere Stahlungswerte, nach Osten hin steigendes Energieniveau (Loferer, Leoganger Steinberge)
Art: anregend
Maximales Höhenniveau: 2600 m (Westen), 2900 m (Osten)

6. Kitzbühler Alpen, Tuxer Alpen

Erstreckungsgebiet: Inntal, Matrei (Brennerpaß), Salzachtal, Saalfelden, St. Johann in Tirol, Scheffau
Beschaffenheit: Hohe Grasberge mit weiten Kammflächen, nur vereinzelt im Gipfelbereich Felsformationen, sonst Aufschüttungen. Die Grenzen dieser Gebirge werden durch weite Täler gekennzeichnet.
Vegetation: zumeist Fichtenmonokulturen in forstwirtschaftlicher Nutzung bis ca. 1600 m Höhe, mit schwächeren Kraftfeldern. Eine Ausnahme bilden alte Tannen und Fichtenbestände mit Flechtenbewuchs. In höheren Lagen Gras und Sumpfflächen mit Heidekraut, vereinzelt seltene strahlungsintensive Zirbenbestände in mittleren Hochlagen.
Erdstrahlung: allgemein schwach, an Felsformationen mittlere Werte
Art: ruhig
Ausnahmeorte: Der Große Rettenstein ist ein Felsmassiv mit eisen- und erzhaltigem Gestein, das in dieser Region sonst nicht zu finden ist (geologische Enklave).
Maximales Höhenniveau: 2500 m

7. Hohe Tauern, Zilltertaler Alpen

Erstreckungsgebiet: Salzachtal, Gasteiner Tal, Alpenhauptkamm, Ahrntal (Südtirol)

Beschaffenheit: tiefe Täler mit massigen Felsflanken, die zum Alpenhauptkamm führen. Dieser besteht aus vergletscherten Hochflächen (Großglockner, Großvenediger). Unter anderem brüchige Felsformationen im Gipfelbereich.
Vegetation: Fichtenwald bis in Tallagen. Alte Bäume und Zirbelbestände sind strahlungsintensiv, ebenso wie Lerchenbestände auf der Alpensüdseite.
Erdstrahlung: an Felsflanken punktuell auftretend (auch bei Geröllverschiebungen durch Gletscherschmelze und Murenabgängen)
Art: kräftigend im mittleren Bereich
Maximales Höhenniveau: 3800 m (Großglockner)

1) Schluchten und lichte Wälder mit Tiefblicken auf die Kufsteiner Festung – die Kienbergklamm

Charakteristik der Tour

Kufstein am grünen Inn ist eine vielbesungene Stadt. Neben seiner charmanten Altstadt ist auch die Festung einen Besuch wert. Von ihr schweift der Blick über das Inntal hinüber zum Pendling, dem Hausberg der Kufsteiner.

Schon am Wanderparkplatz entfaltet die Tour ihren Charme. Da stehen viele alten Villen am östlichen Kufsteiner Stadtrand, mit Blick auf die Kufsteiner Festung. Während der Wanderung genießt man beim Aufstieg immer wieder schöne Tiefblicke in die Schlucht der Kienbergklamm. Dabei geht es vorbei an Felswänden, von denen kleine Rinsale bergab fließen und so Wasservorhänge am Fels zaubern. Diese Plätze sind besondere Kraftorte, hören sie einmal genau hin, wenn die Tropfen von den Felswänden, weiter unten wieder aufkommen. Das Geräusch, wird vom Rauschen des Baches tief unten in der Schlucht untermalt. Nach Regenfällen werden diese Rinnsale zu beeindruckenden Wasserfällen. Beim Abstieg ertönt täglich um zwölf Uhr Mittags die Heldenorgel in der Festung zu Kufstein. Zusammen mit dem weiten Blick über die Kufsteiner Altstadt und dem Inntal bildet

Ausschnitt aus KOMPASS WK 09 Lizenz-Nr: 6-0107-LAB

diese musikalische Untermalung eine ganz besondere Stimmung. Wenn der Wind von Südwesten kommt, trägt er die Musik über die Altstadt herauf. Man könnte fast meinen, neben der Orgel zu stehen.
Der mystische Elfenhain bietet mit seinen schattenspendenden alten Laubbäumen Gelegenheit etwas länger zu verweilen. Vielleicht spüren Sie die Energie, die Ihnen diese Bäume geben. In einer einzigartigen Waldgemeinschaft, zusammen mit Kiefern und einigen Lerchen, haben sie die Föhnstürme der letzten Jahre unbeschadet überstanden. Im Bereich des Kaisergebirges kann insgesamt eine gleichmäßige, mittlere bis hohe Erdstrahlung festgestellt werden, die in den nach Osten anschließenden Kalkstöcken der Loferer und Leoganger Steinberge ansteigt.

Anforderungen

Die Tour entspricht einer einfachen Bergwanderung

Rastplätze

Auf der gesamten Tour sind immer wieder Bänke aufgestellt.

Anreise

Ab München Hauptbahnhof fahren über München Ost stündlich Züge Richtung Kufstein, mit Umsteigen in Rosenheim. Die Fahrtzeit beträgt insgesamt ca. 1 Stunde und 10 Minuten.

Beim Aufstieg in die Klamm

Auf der A8 München – Salzburg fahren wir bis zum Inntal-Dreick. Hier wechseln wir auf die A93 Inntalautobahn und fahren bis zur Ausfahrt Kufstein-Nord. Am Kreisverkehr bei der Aral-Tankstelle biegen wir rechts Richtung Kufstein ab. Rechter Hand fahren wir Richtung Kufstein Zentrum durch eine Unterführung. Am Kreisverkehr fahren wir geradeaus weiter Richtung Zentrum, Wilder Kaiser Lift. An der nächsten Ampel biegen wir rechts in die Oskar-Pirlo-Straße ein, dieser folgen wir geradeaus in das Zentrum bis zum Oberen Stadtplatz. Am Oberen Stadtplatz fahren wir weiter geradeaus über die Ampelanlagen. Wir halten uns links und biegen in die Josef-Egger-Straße ein und folgen dem grünen Schild „Hotel Andreas Hofer". Wir fahren weiter geradeaus und überqueren zwei Kreuzungen. Weiter geradeaus fahren wir in die Pienzauer Straße, an deren Ende der Wanderparkplatz liegt.

Idyllisches Kleinod: der Berggasthof Hinterdux

Erste Etappe (Aufstieg)

Gehzeit: 1 Stunde 30 Minuten
290 Höhenmeter bergauf ,
60 Höhenmeter bergab

Gehzeit: 2 Stunden
320 Höhenmeter bergauf,
60 Höhenmeter bergab

▸ Am Bahnhof Kufstein kommen wir über die Innbrücke in die Altstadt.

▸ Wir gehen über den Unteren Stadtplatz bergauf durch die Altstadt bis zum Oberen Stadtplatz.

▸ Am Oberen Stadtplatz gehen wir rechts an der Stadtkirche vorbei.

▸ Wir biegen links in die Josef-Egger-Straße ein und folgen dem grünen Schild „Hotel Andreas Hofer".

▸ Wir gehen weiter geradeaus und überqueren zwei Kreuzungen.

▸ Wir gehen weiter geradeaus durch die Pienzauer-Straße bis zu deren Ende zum Wanderparkplatz.

▸ Ab hier auch für Autofahrer

▸ An der Kneippanlage biegen wir links in den geteerten Weg.

▸ An der nächsten Wegkreuzung gehen wir weiter geradeaus zum Kalafat-Denkmal. Dort gehen wir rechts einen Wanderweg bergauf, dem Wegweiser „Waldkapelle, Berghaus Aschenbrenner" folgend.

▸ Nach wenigen Metern geht es links über einige Stufen steil bergauf, wir folgen weiter dem Wegweiser „Waldkapelle, Berghaus Aschenbrenner".

▸ An der nächsten Weggabelung gehen wir links bzw. geradeaus weiter bergauf.

▸ Der Wanderweg mündet in einen Forstweg, diesem folgen wir links, leicht bergauf.

▸ An der nächsten Weggabelung ignorieren wir die Beschilderung „Waldkapelle, Berghaus

Aschenbrenner" und gehen weiter auf dem Forstweg ohne Beschilderung.

▶ An einer Kehre des Forstweges folgen wir nun dem Wegweiser „Duxer Alm, Berggasthof Hinterdux" auf einem schmalen Wanderweg leicht bergauf in die Kienbergklamm.

▶ An der nächsten Weggabelung folgen wir links dem Wegweiser „Duxer Alm, Elfenhain, Bergggasthof Hinterdux" weiter, weitgehend eben.

▶ An einer weiteren Weggabelung folgen wir der Bachbrücke, dem Wegweiser „Berggasthof Hinterdux". Auf der anderen Hangseite geht es dann in einigen Kehren bergauf.

▶ An der nächsten Weggabelung gehen wir geradeaus, bzw. leicht links, dem Wegweiser Kufstein und „Berggasthof Hinterdux" folgend. Auf einem Höhenweg gehen wir in die Kienbergklamm talauswärts.

▶ An einer weiteren Weggabelung gehen wir rechts, dem Wegweiser „Berggasthof Hinterdux" folgend. Wir gehen weiter durch den Wald und über eine Bergwiese zum Berggasthof Hinterdux.

Wanderweg durch den Elfenhain

Berggasthof Hinterdux

Besitzer: Robert Enzler
Anschrift: Stadtberg 4, A-6330 Kufstein
Telefon: 0043-5372-63675
Öffnungszeiten:
Mai – Oktober 8 Uhr (auch Frühstück) bis 22 Uhr, Oktober – April 8 Uhr – 19 Uhr
Ruhetag: Montag
Betriebsurlaub: 01.11. bis 23.12, in dieser Zeit nur bei Rodelbetrieb geöffnet.
Speisen: gehobene Gerichte der Tiroler Küche.
Übernachtungsmöglichkeiten: 35 Betten in 2- bis 4-Bett Zimmern.
Anfahrt bis Zum Haus: Von der Josef Egger Strasse in die Praxmarerstraße einbiegen. Rechts der Georg-Pirmoser-Str. folgen. Dann links in den Hochwandweg einbiegen und dem Wegweiser „Berggsthaus Hinterdux" folgen. Im Winter ist auch Abholung möglich.
Kartenmaterial: Alpenvereinskarte 1:25000 Kaisergebirge
Tourismusinfo: Gemeinde Kufstein Tel:.0043-5372-62207, www.kufstein.at

Zweite Etappe (Abstieg)

🚗

Gehzeit: 1 Stunde
260 Höhenmeter bergab,
30 Höhenmeter bergauf

🚂

Gehzeit: 1 Stunde 30 Minuten
290 Höhenmeter bergab,
30 Höhenmeter bergauf

▶ Am Berggasthof Hinterdux folgen wir zunächst dem Hinweg bergauf in den Wald.

▶ An einer Weggabelung folgen wir dem Wegweiser „Kufstein" weitgehend eben durch den Wald.

▶ An einer weiteren Weggabelung folgen wir dem Wegweiser „Kufstein". Der Weg führt in vielen Kehren bergab durch den Elfenhain.

▶ An der Weggabelung kurz vor dem Stadtrand gehen wir links noch ein Stück bergab.

▶ Nach wenigen Metern folgen wir nun links dem geteerten Fahrweg, vorbei am Gasthof Kienbergklamm.

▶ Am Gasthof Felsenkeller folgen wir nun scharf rechts dem Fahrweg zurück zum Kalafat-Denkmal und weiter zum Wanderparkplatz. Die restliche Wegstrecke für Bahnfahrer entspricht dem Hinweg.

Lohnende Zwischenstation

Die vom Rotary-Club Kufstein errichtete Marienkapelle gilt als spiritueller Kraftort. Von hier hat man eine herrliche Aussicht über Kufstein und das Inntal hinüber zur gegenüberliegenden Talseite, mit dem steilaufragenden Pendling und der Burgruine Thierberg. Folgen Sie der Beschilderung vom Berggasthof Hinterdux aus. In ca. 15 Minuten erreichen Sie die Kappelle. Den gleichen Weg können Sie zurück zum Berggasthof Hinterdux gehen.

Lohnende Ziele in der Nähe

Nach der Tour bietet sich noch ein Bummel durch die historische Altstadt von Kufstein an. Wunderschön ist auch die Aussicht von der Festung. Dort weitet sich der Blick über die Stadt hinaus nach Südwesten in das Inntal. Falls Sie heute keine Höhenmeter mehr zurücklegen wollen, können sie den Schrägaufzug zur Festung benutzen.

Genieße die kostbaren Stunden dieser Wanderung.
Das Licht möge Dich durch das Blattwerk der Sonne sanft streicheln.
Das Rauschen des Baches gebe Dir die Zeit für innere Einkehr.
Die Heldenorgel tief zu Tale zaubert Dir eine mystische Stimmung in den Elfenhain.
Wenn dann noch der Sommerwind die Blätter im Wald rauschen lässt, ist alles Glück vereint.

2) Wasserfälle und tosende Bäche – die Jenbachschlucht.

Charakteristik der Tour

Schon bei der Anfahrt grüßt der Wendelstein, der bekannteste Berg des Mangfallgebirges. Der Kurort Bad Feilnbach, Ausgangspunkt unserer Wanderung, liegt ihm zu Füßen. Er ist auch berühmt für die Qualität seiner Äpfel. Aufgrund der windgeschützten Lage des Ortes gibt es hier unzählige Obstbäume, die Äpfel von hervorragender Qualität tragen.

Die Wanderung führt zumeist direkt am Jenbach entlang, der uns seine unterschiedlichen Seiten zeigt. Mal als breiter Fluß im weiten Bett, mal in der engen Schlucht als Wasserfall und tosender Bach, der sich um viele Kurven windet. Gerade an diesen Stellen ist die Szenerie beeindruckend, umgeben von steilen Bergflanken und dichtem Mischwald, entsteht hier eine mystische Atmosphäre. Kraftvolle Energiefelder sind vor allem in diesen Bereichen anzutreffen - unmittelbar am Wasserfall und entlang der schmalen Stege, in der Schlucht. Tauchen Sie in die wunderbare Stimmung ein und lassen Sie sich von ihr auf dieser Wanderung tragen. Auf dem Weg kurz vor der Wirtsalm weitet sich der Blick in den Talschluß des Jenbachtales. Hochsalwand, Wen-

Ausschnitt aus KOMPASS WK 08 Lizenz-Nr: 6-0107-LAB

delstein und Breitenstein bilden die südliche Grenze. Diese beeindruckende Szenerie lässt sich auch von der Terrasse der Wirtsalm genießen. Auffällig ist auch die im Osten aufragende Graspyramide des Mitterberges.

Anforderungen

Sowohl bezüglich Länge als

auch Steigung ist die Tour eine einfache Wanderung. Im Bereich des oberen Jenbachsteiges ist jedoch Trittsicherheit erforderlich.

Rastplätze

Auf der ersten Etappe sind im unteren Jenbachtal einige Bänke aufgestellt.

Anreise

Mit der Bahn kommt man von München über Rosenheim, Kreuzstraße (S6) oder Holzkirchen (BOB) nach Bad Aibling (Strecke Rosenheim, Kreuzstraße, Holzkirchen). Von hier aus fährt die RVO-Buslinie 9580 nach Bad Feilnbach. Samstags, Sonn- und Feiertags fahren jedoch nur wenige Busse. Infotelefon 08031-354950, Fahrplandownload im Internet unter www.rvo-bus.de/pdffiles/9580.pdf.

Wir fahren auf der A8 München – Salzburg bis zur Ausfahrt Bad Aibling, Bad Feilnbach. An der Ausfahrt fahren wir rechts Richtung Bad Feilnbach. In Bad Feilnbach fahren wir an der abknickenden Vorfahrt rechts. Wir folgen dem Wegweiser „Ortsmitte". Nach ca. 300 m folgen wir rechts am Busbahnhof neben der Kur- und Gästeinformation dem Wegweiser „Busparkplatz".

Wildromantisch: der obere Jenbachsteig

Erste Etappe (Aufstieg)

Gehzeit: 2 Stunden 30 Minuten
370 Höhenmeter bergauf

Erklärung:
Der untere Teil des Jenbachsteiges ist so beschrieben um den nachfolgenden Jenbachsteig zum Wasserfall - im Buch als oberer Teil beschrieben - nicht zu verwechseln. Eine entsprechende Ausschilderung hierzu gibt es nicht.

▶ Am Moorbad Diem biegen wir links in die Kufsteiner Strasse ein.

▶ Wir überqueren die Jenbachbrücke und biegen rechts in

Von weiten Wiesen umgeben mit Blick auf den Wendelstein: die Wirtsalm

den Uferweg ein und folgen dem Wegweiser „Farrenpoint" entlang des Jenbaches.

▶ Wir folgen nun dem Uferweg ca. 1.3 km

▶ In Höhe Altofing wechseln wir die Bachseite und folgen nun dem Wegweiser „Jenbachtal, Bachweg".

▶ Wir folgen nun dem Uferweg weiter flußaufwärts. Der Weg ist zunächst schmal und wird dann zu einem breiten Schotterweg. Er führt vorbei an einem kleinen Stausee und einigen kleinen Staumauern, eben oder leicht bergan im Wechsel.

▶ Am Ende des breiten Schotterweges folgen wir dem Wegweiser „Jenbachsteig" steil bergauf in einigen Kehren durch den Wald.

▶ Am Ende des Jenbachsteiges (unterer Teil) gelangen wir nun auf eine geteerte Fahrstrasse, der wir links bergauf, dem Wegweiser „Wirtsalm", folgen.

▶ Nach etwa 400 Meter folgen wir nun dem Wegweiser „Wasserfall", links in den oberen Teil des Jenbachsteiges.

▶ Der Weg führt nun über einige schmale Stege und Stufen bergauf, vorbei am Wasserfall. Der Steig ist etwas verfallen, aber für trittsichere Wanderer problemlos zu gehen. Achtsamkeit erfordern die unter Umständen etwas glitschigen Gitter an den Treppen.

▶ Am Ende des oberen Jenbachsteiges treffen wir auf eine Informationstafel. Hier gehen wir auf den geteerten Fahrweg weiter, vorbei an einem Gatter. An der darauffolgenden Weggabelung folgen wir nun geradeaus dem Wegweiser „Wirtsalm" auf einem breiten Schotterweg. Nach ca. 900m biegen wir nun rechts bergauf in einen Wanderweg durch den Wald, dem Wegweiser „Wirtsalm" folgend.

Zweite Etappe (Abstieg)

Gehzeit: 2 Stunden 10 Minuten
370 Höhenmeter bergab
Die zweite Etappe entspricht der Aufstiegsroute (erste Etappe). Nicht trittsicheren Wanderern wird aber empfohlen den oberen Teil des Jenbachsteiges zu meiden und hier den geteerten Fahrweg zu benutzen.

Wirtsalm

Besitzer: Hans Kolb
Anschrift: Wiechs 47, 83075 Bad Feilnbach (Hausanschrift)
Telefon: 08066-431,
Fax: 08066-8090
Öffnungszeiten: Mitte Mai bis Oktober, Tagesbewirtschaftung
Ruhetag: Dienstag
Betriebsurlaub: November bis Mitte Mai
Speisen: kleiner Mittagstisch, Brotzeiten und Kuchen
Kartenmaterial: Topographische Wanderkarte des Bayerischen Landesvermessungsamtes 1:50000
Tourismusinfo: Kur- und Gästeinformation 08066-1444, www.feilnbach.de

Einkehrmöglichkeit nach der Tour

Die italienische Eisdiele in der Ortsmitte hat hervorragende Eissorten und ist gerade an heißen Tagen ein beliebter Anlaufpunkt.

Mal tosendes Wasser
Mal lieblicher Bach -
wie auch im Leben
entscheidet der Tag

3) Zwischen Miesing und Seeberg – die Wackbachschlucht

Charakteristik der Tour

Bayrischzell, unser Ausgangspunkt, und der Wendelstein, das sind zwei untrennbare Begriffe. Früher war Bayrischzell ein vielbesuchter Ort von Bergwanderern, heute mutet er etwas verschlafen an. Im Winter kommen jedoch nach wie vor viele Touristen hierher, um im benachbarten Sudelfeld Skifahren zu gehen.

Werfen Sie gleich zu Beginn der Tour einen Blick zurück und lassen sie den imposanten Wendelstein hinter Bayrischzell auf sich wirken. Weiter geht es durch dichten Mischwald entlang des Aubaches. Beim Anstieg in die Wackbachschlucht ändert sich nun das Bild. Am Südhang des Seeberges wird lichter Bergwald von sonnigen Bergwiesen durchzogen. Tief unten rauscht der Wackbach in seiner Schlucht. An sonnigen Tagen, ab dem späten Vormittag, findet man hier ein hohes Energieniveau, da die Berghänge steil sind und im direkten Winkel zur Sonneneinstrahlung stehen. Durch die entstandene Wärme geben die Gräser diese als Energie wieder ab. Die Pflanzengemeinschaft im gesamten Schluchtweg am Südhang weist ein erhöhtes Kraftfeld auf, das insbesondere durch einige freistehende Kiefern verstärkt wird.

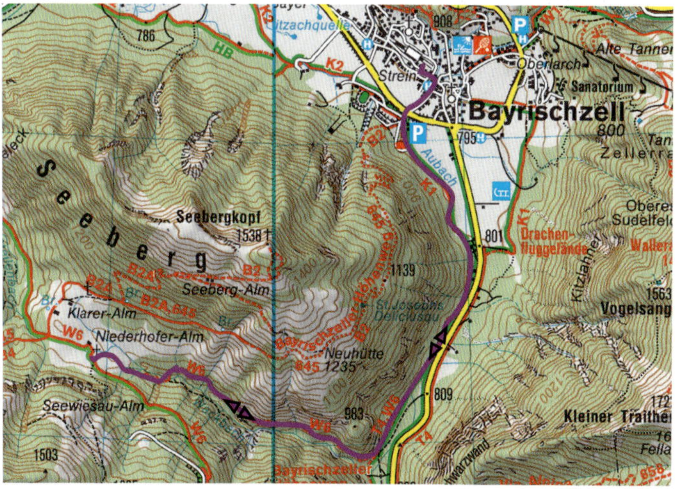

Das imposante Felsmassiv des Wendelsteins

Auch der Wackbach weist ein erhöhtes Energieniveau auf, da einzelne kleine Bäche in diesen münden. Sie bringen aus Sonne, Pflanzen und Erde aufgenommene Energie mit sich. Die Niederhofer Alm liegt inmitten von Almwiesen vor einer beeindruckenden Bergkulisse. Im Westen sehen wir das steil aufragende Massiv des Miesing vor uns. Sitzt man auf der Terrasse der Alm blicken wir auf die Bergwelt im Osten. Hier ragt der Große Traithen empor. Dieser ist der höchste Berg des Mangfallgebirges und schlägt sogar den Wendelstein um einige Höhenmeter. Das Mangfallgebirge weist vom Inntal aus ein nach Westen ansteigendes Energieniveau auf. Im Bereich des Seeberges bis hinüber zu den Tegernseer Bergen, kann eine mittlere Erdstrahlung festgestellt werden.

Anforderungen

Es handelt sich bei dieser Tour um eine einfache Bergwanderung. Lediglich im Bereich der Wackbachschlucht ist etwas Trittsicherheit erforderlich.

Rastplätze

Im hinteren Teil der Wackbachschlucht gibt es einige schöne Rastplätze, hier sind auch Bänke aufgestellt.

Anreise

🚂 Von München nach Bayrischzell fahren stündlich Züge der BOB. Wanderer aus dem Bereich Rosenheim fahren nach Holzkirchen und steigen dort in die BOB nach Bayrischzell um.

🚗 Wir fahren auf der A8 München-Salzburg bis zur Ausfahrt Irschenberg. Wir fahren links, dem Wegweiser „Bayrischzell" folgend. Über Elbach und Fischbachau fahren wir nach Bayrischzell. In Bayrischzell fahren wir auf der Hauptstraße geradeaus Richtung Kufstein und Sudelfeld. Am Ortsschild von Bayrischzell biegen wir rechts zum Wanderparkplatz ein, dem Wegweiser „Seebergparkplatz" folgend".

Erste Etappe (Aufstieg)

🚗

Gehzeit: 1 Stunde 30 Minuten
250 Höhenmeter bergauf

🚂

Gehzeit: 1 Stunde 50 Minuten
250 Höhenmeter bergauf

▶ Am Bahnhof gehen wir links und folgen dem Wegweiser „Radwanderweg Holzkirchen".

▶ An der nächsten Straßengabelung, am Hotel Alpenrose gehen wir links.

▶ Nach ca. 150 m biegen wir rechts in die Schulstraße ein und folgen dem Dorfbach. Die Schulstraße wird zur Seebergstraße.

▶ Nach der Unterführung unter der Hauptstraße gehen wir Richtung Seeberg-Wanderparkplatz.

▶ Ab hier auch für Autofahrer 🚗 ▼

▶ Vor dem Wanderparkplatz folgen wir dem Rad- und Fußweg links mit dem Wegweiser „Rotwand".

▶ An der nächsten Weggabelung an der Brücke folgen wir dem Wegweiser „Sillberghaus, Rotwand" entlang des Aubaches, vorbei an einer Kneippanlage auf einem breiten Wanderweg. Vorsicht hier sind bei schönem Wetter auch einige Radfahrer unterwegs!

▶ Nach etwa 2 km folgen wir an einer Weggabelung dem schmalen Wanderweg steil bergauf mit dem Wegweiser „Rund um den Seeberg, Miesing, Rotwand, Soinsee", so geht es in einigen Kehren in die Wackbachschlucht.

▶ Der Weg führt nun weiter hoch über der Wackbachschlucht entlang. Unter Umständen müssen hier Bäume nach Lawinenabgängen im Winter überstiegen werden, was aber zumeist unproblematisch ist.

▶ Am Ende des Schluchtweges gehen wir in einer Linkskurve über den Wackbach und weiter auf einem breiten Schotterweg bergauf. Nach wenigen Metern gehen wir dann an einer Weggabelung der Rechtskurve folgend weiter bergauf. In einigen Kehren geht es durch den Wald. Dann führt der Weg über Almwiesen bis zur Niederhofer-Alm.

Zweite Etappe (Abstieg)

Gehzeit: 1 Stunde 10 Minuten
250 Höhenmeter bergab

Gehzeit: 1 Stunde 30 Minuten
250 Höhenmeter bergab

Die Zweite Etappe (Abstieg) folgt der Aufstiegsroute der ersten Etappe.

Niederhofer Alm

Besitzer: Resi Mainwolt
Anschrift: Niederhofen 2, 83735 Bayrischzell
Telefon: 0173/9270203
Öffnungszeiten: Tagesbewirtschaftung
Ruhetag: kein Ruhetag
Betriebsurlaub: Ende Oktober bis Ende Mai
Speisen: Brotzeiten, Buttermilch, Kuchen
Kartenmaterial: Topographische Wanderkarte des Bayerischen Landesvermessungsamtes 1:50000 Mangfallgebirge

Tourismusinfo: Gemeinde Bayrischzell, 08023-648, www.bayrischzell.de

Gleißendes Licht durchzieht den Wald,
die kalte Luft zieht aus der Schlucht empor,
ich sehe mich im Schoß der Natur
und in Gottes Hand.

4) Höhlentor im Buchenwald – Die Tischofer Höhle im Kaisertal

Charakteristik der Tour

Das Kaisertal ist Ausgangspunkt für viele Wanderungen und Klettertouren in den Wilden Kaiser. Die imposanten Felszacken, die den Dolomiten sehr ähnlich sind, ziehen die Wanderer in ihren Bann.
Auch die Kufsteiner Altstadt, ist auf dieser Tour in unserer Nähe. Vielleicht schauen Sie ja noch auf einen Schoppen Wein in das Auracher Löchl, einer Kufsteiner Traditionsgaststätte.
Diese Tour liegt im Zeichen der Gegensätze. Steigen wir noch mit vielen Wanderern die Stufen am Kaisertaleinstieg bergauf, ändert sich das Bild auf dem Weg zur Tischofer Höhle schlagartig. Bergab schlängelt sich der einsame Weg in vielen Kehren hinab in die Schlucht. Wir hören nur noch das Rauschen des Baches tief unter uns. Das Portal der Tischofer Höhle ist beeindruckend. Sie diente als Sammelplatz der Tiroler Schützen im 18. Jahrhundert. Neben zahlreichen Knochen von Bären wurden hier ebenso Gegenstände aus der Stein- und Bronzezeit gefunden. Diese können Sie im Heimatmuseum der Festung Kufstein besichtigen. Der Weg führt uns nun weiter berg-

Das Portal der Tischofer Höhle

ab in die tiefe Schlucht des Kaiserbaches, den wir auf einer imposanten Brücke überqueren. Von hier aus können wir den Lauf des Baches durch die Schlucht verfolgen – wie auch auf dem Anstieg der gegenüberliegenden Schluchtseite. Der Südhang der Tischofer Höhle steht in einem starken Kraftfeld. Einerseits durch die Sonneneinstrahlung, die Wärme wird hier ab dem Vormittag von den steilen Grashängen aufgenommen und als Energie wieder abgegeben. Im unmittelbaren Bereich der Höhle entweicht zudem durch die steilen abfallenden Felsen, Erdstrahlung. Ebenso an den Felsabbrüchen direkt am Kaiserbach, sein Wasser absorbiert zudem die Sonnen- und Erdstrahlen auf seinem langen Weg durch die Schlucht. Die Buchen des Südhanges weisen, wie tendenziell alle Laubbäume, nur ein mittleres Energiefeld auf. Im Kaisergebirge kann eine gleichmäßige, mittlere bis hohe Erdstrahlung festgestellt werden, die in den nach Osten anschließenden Kalkstöcken der Loferer und Leoganger Steinberge weiter ansteigt.

Anforderungen

Es handelt sich hier um eine leichte Wanderung. Lediglich im Bereich der Kaisertalschlucht ist Trittsicherheit notwendig.

Rastplätze

Vor der Tischofer Höhle lädt eine Bank zum verweilen ein.

Anreise

Ab München Hauptbahnhof und München Ost fahren stündlich Züge nach Rosenheim. Dort können Sie direkt in den Zug nach Innsbruck – Kufstein umsteigen. Die Fahrzeit beträgt etwa 1 Stunde und 10 Minuten. Vom Bahnhof erreicht man mit dem Stadtbus in etwa 15 Minuten die Haltestelle Kaisertal. An Sonn- und Feiertagen fährt der Bus erst ab Mittag. Man kann aber ab dem Bahnhof ein Taxi zur Haltestelle Kaisertal nehmen.

Wir fahren auf der A8 München-Salzburg bis zum Inntaldreieck. Wir fahren dann auf der Inntalautobahn A93 bis Kufstein Nord. Beim ersten Kreisverkehr fahren wir Rich-

Der Kaiserbach auf den letzten Metern durch die unberührte Schlucht

tung Ebbs. Nach etwa 2 km folgen wir dem Wegweiser „Kaisertal" bis zum Pfandlparkplatz, der links und rechts neben der Straße liegt.

Erste Etappe (Aufstieg)

Gehzeit: 50 Minuten
180 Höhenmeter bergauf,
100 Höhenmeter bergab

▶ Am Pfandlparkplatz gehen wir über den Kaisertaleinstieg in vielen Stufen bergauf. Wir folgen den Wegweisern „Bergasthof Enzian, Hinterbärenbad, Anton-Karg-Haus".

▶ Nach den Stufen verläuft der Weg wieder eben, dann geht es wieder bergauf.

▶ Nachdem wir die sogenannte Neapelbank passiert haben, kurz bevor der Weg aus dem Wald auf einen Wiese kommt,

Blick vom Elfenhain zur Kufsteiner Festung

zweigt ein kleiner Weg rechts steil bergab in die Kaisertalschlucht. Wir folgen hier dem Wegweiser „Tischofer Höhle" in vielen Kehren bergab.

▶ An einer Weggabelung gehen wir rechts. Der Weg verläuft nun weitgehend eben. Wir gehen bis zum Höhlenportal der Tischofer Höhle, dem Wegweiser „Tischofer Höhle" folgend.

Achtung, dieser Wegweiser steht erst einige Meter nach der Weggabelung.

Zweite Etappe (Abstieg)

Gehzeit: 1 Stunde
100 Höhenmeter bergauf,
180 Höhenmeter bergab (Summe der Abstiege)

▶ Nachdem wir uns die Tischofer Höhle angesehen haben, gehen wir wieder das letzte Wegstück bis zur Weggabelung zurück. Hier gehen wir nun rechts bergab. Nach einigen Kehren gelangen wir zur Brücke über den Kaiserbach. Diese überqueren wir. Achtung das Geländer ist hier nur auf einer Seite angebracht.

▶ Nun gehen wir auf der anderen Schluchtseite den Weg in einigen Kehren über Stufen wieder bergauf.

▶ Am Ende des Aufstieges folgen wir nun an einer Weggabelung an einem Gulideckel, dem Wegweiser „Theaterhütte, Kufstein" auf einem Wanderweg bergab.

▶ Der Wanderweg mündet in einen breiteren Schotterweg.

▶ Diesem folgen wir vorbei an einem Abenteuerspielplatz.

▶ An der Theaterhütte überqueren wir den Fahrweg und gehen einen schmalen Pfad ohne Beschilderung nur wenige Meter bergab.

▶ An der nächsten Wegkreuzung - hier steht am Waldrand eine Bank - gehen wir nun rechts in den Wald.

▶ An der nächsten Wegkreuzung gehen wir links in einigen Kehren und Stufen bergab.

▶ Der Wanderweg führt nun aus dem Wald und mündet in einen breiteren Schotterweg. Nach wenigen Metern zweigt ein kleiner Weg rechts ab. Über einige Stufen geht es bergab.

▶ Nun gehen wir noch wenige Meter entlang der Straße über

den Kaiserbach zurück zum Pfandlparkplatz.

Lohnende Zwischenstationen

Die sogenannte „Neapelbank" liegt auf dem Aufstieg der ersten Etappe. Der Name rührt daher, dass man auch vom Vesuv aus, auf einer Bank, umgeben von zahlreichen Pinien, auf die Stadt Neapel blicken kann. Sie bietet neben einer stämmigen Kiefer, die ein starkes Kraftfeld aufweist, einen wunderschönen Blick auf die Kufsteiner Altstadt und dem dahinter steil aufragenden Pendling.

Lohnende Ziele in der Nähe

Im Heimatmuseum Kufstein können Sie die Funde aus der Bronze- und Steinzeit der Tischofer Höhle besichtigen. Das Museum befindet sich in der Festung der Kufsteiner Altstadt und ist zu Fuß über viele Stufen bergauf zu erreichen. Es ist aber auch ein komfortabler Schrägaufzug vorhanden.

Theaterhütte

Besitzer: Andreas Atzl
Anschrift: Obere Sparchen 5, A-6330 Kufstein
Telefon: 0043-5372-64519
Öffnungszeiten: 10 – 24 Uhr
Ruhetag: Dienstag
Betriebsurlaub: während der Faschingszeit 2 Wochen, im September 3 Wochen
Speisekarte: Tiroler Spezialitäten, Fischspezialitäten, Saisonale Küche, Wild aus der Kaiserjagd

Kartenmaterial:
Alpenvereinskarte 1:25000 Kaisergebirge

Tourismusinfo: Gemeinde Kufstein, 0043-5372-62207, www.kufstein.at

Der Wind wiegt die Blätter des Buchenwaldes.
Türkisfarben rauscht der Kaiserbach durch die Schlucht.
Oft sind die beschwerlicheren Wege die schöneren, da wir uns der landschaftlichen Schönheit erfreuen können.

5) Wasserfälle im mystischen Buchenwald – Der Philosophenweg in die Wolfsschlucht.

Charakteristik der Tour

Fischbach mit seinem Philosophenweg zu den Wasserfällen der Wolfsschlucht ist die älteste Sommerfrische im Inntal. Hier traf sich die bessere Gesellschaft aus ganz Deutschland zum Sommerurlaub. In dieser Zeit wurde dieser Weg von Posthalter und Braumeister Evangelist Limmayr erbaut. Heute wird der Weg von der Feuerwehr- und Schützengesellschaft Fischbach betreut. Kaum zu glauben, dass zwischen den Steinbrüchen ein derart schmaler und versteckter Schluchtweg vorbei an den Wasserfällen führt. Vor Ort sehen wir dann ein kleines Paradies. Da fließt der Bach über viele Kaskaden durch den dunklen Buchenwald zu Tal. Die Stimmung ist mystisch, da durch das Dach der Blätter nur wenige Sonnenstrahlen dringen. Die Schönheit der Wasserfälle ist beeindruckend. Es bedarf aber gerade im oberen Teil etwas Achtsamkeit. Hier sind die Geländer am Weg etwas morsch, aber trittsichere Wan-

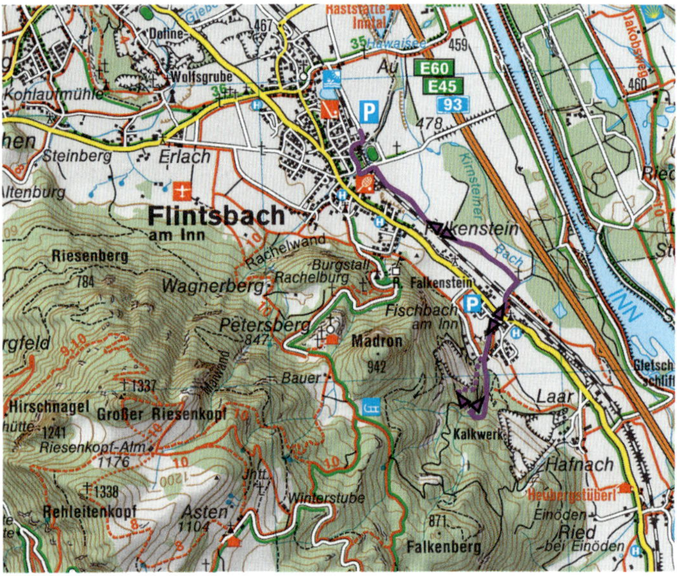

Ausschnitt aus KOMPASS WK 08 Lizenz-Nr: 6-0107-LAB

derer benötigen hier ohnehin kein Geländer. Ist die Wegführung etwas schwer einsehbar, macht gerade das die Tour noch interessanter.
Energetisch sind die Plätze direkt an den Wasserfällen zu erwähnen, da hier an den Felswänden die Erdstrahlung am höchsten ist. Ebenso in einer kleinen Höhle an den Wasserfällen der unteren Kaskade, die völlig ohne Gefahren, mit einer kleinen Taschenlampe inspiziert werden kann. Sie können einfach gebückt dem kleinen Höhlengang mit einer Taschenlampe bis zu seinem Ende folgen. Schalten Sie dann die Taschenlampe aus. Verweilen Sie hier ein bisschen. So tief im Inneren des Berges haben Sie vielleicht auch Zugang zu Ihrem Inneren.
Von der Erdstrahlung her liegt diese Wanderung im Mangfallgebirge, das ein vom Inntal her nach Westen ansteigendes Energieniveau aufweist. Die beschriebene Tour liegt in den Felsabrüchen zum Inntal und ist diesbezüglich gesondert zu betrachten.

Anforderungen

Es handelt sich hier um eine relativ kurze Wanderung, die aber im Bereich der Schlucht Trittsicherheit erfordert.

Rastplätze

An der mittleren Kaskade der Wasserfälle ist eine Bank aufgestellt.

Anreise

Ab München Hauptbahnhof fahren über München Ost stündlich Züge in Richtung Kufstein, mit Umsteigen und Direktanschluss in Rosenheim. Wir fahren bis Brannenburg. Die Fahrtzeit beträgt ca. 1 Stunde.

Wir fahren auf der A8 München Salzburg bis zum Inntaldreieck. Weiter auf der A93 der Inntalautobahn bis zur Ausfahrt Brannenburg. An der Ausfahrt fahren wir links nach Brannenburg. Bereits nach wenigen Metern biegen wir links Richtung Flintsbach ab. An einer Rechtskurve der abknickenden Vorfahrtstraße fahren wir geradeaus weiter bis zum Bahnhof Flintsbach. Dort stehen Parkplätze zur Verfügung.

Erste Etappe (Aufstieg)

Gehzeit: 1 Stunde 20 Minuten
180 Höhenmeter bergauf

- Wir gehen rechts über die Bahnbrücke
- Ab hier auch für Bahnfahrer

- Wir gehen nun die Straße in Verlängerung der Brücke etwa 20 Meter entlang
- An der nächsten Wegkreuzung folgen wir links dem Wegweiser „Sportgaststätte" durch die Bahnunterführung.
- An der nächsten Weggabelung biegen wir rechts auf einen breiten Schotterweg ab,

Eine Welt für sich – die Wasserfälle der Wolfsschlucht bei Fischbach im Inntal

dem Wegweiser „Rundweg Inndamm" folgend.

▶ An der nächsten Weggabelung folgen wir links dem Wegweiser „Fischbach, Inndamm, Gletschergarten".

▶ An der nächsten Weggabelung folgen wir der Rechtskurve des Weges zum Bahndamm.

▶ Wir gehen nun durch die Bahnunterführung und weiter am Gletschergartenweg bis zur Hauptstraße.

▶ Wir überqueren die Hauptstraße und gehen geradeaus in die Markbachstraße entlang des Baches.

▶ Am Ortsende führt die Straße in den Wald. Dort gehen wir links über die Brücke und folgen der Beschilderung „Wolfsschlucht, Wasserfälle" entlang des Baches.

▶ Wir überqueren nun rechts einen Steg und folgen dem Wanderpfad in die Schlucht.

▶ Nachdem wir einen weiteren Steg überquert haben, kommen wir an den Wasserfällen der unteren Kaskade vorbei.

▶ An einer Weggabelung gehen wir rechts bergauf zu den Wasserfällen der mittleren Kaskade. Dort geht es über einige Stufen weiter bergauf, Vorsicht, die Geländer sind hier morsch!

▶ Vom nächsten Steg aus können wir die Wasserfälle der oberen Kaskade sehr gut sehen.

▶ Wir gehen nun den Steg wieder zurück und gehen rechts weiter bergauf. Hier ist Vorsicht geboten, da die Wegführung schlecht einsehbar ist und zudem die Geländer morsch sind.

▶ Der Weg wird nun flacher und führt in einer Rechtskurve wieder auf den Wasserfall bzw. Bach zu, den wir hier rechter Hand über den letzten Steg überqueren.

Zweite Etappe (Abstieg)

Gehzeit: 1 Stunde 10 Minuten
180 Höhenmeter bergab

▶ Wir folgen dem Forstweg rechter Hand steil bergab.

▶ Nach etwa 50 Metern an einem Sprengsignalschild können sie rechts wieder zu den Wasserfällen stoßen. Die restliche Wegführung bergab entspricht der Aufstiegsroute der ersten Etappe.

▶ Bei nassem Untergrund können Sie auch alternativ dem Schotterweg bis zum Steinbruch folgen. Dort gelangen Sie nach einer Rechtskurve zurück zur Markbachstraße. Die restliche Wegführung entspricht auch hier dem Hinweg der ersten Etappe. In Fischbach finden Sie in der Ortsmitte am Maibaum das Café Bockmeier. Hier können Sie nach einer langen Wanderung leckere Kuchen und Torten genießen und sich ausruhen.

Sprengsignale aus dem benachbarten Steinbruch

Bitte beachten Sie die Hinweise auf den gelben Schildern. Im benachbarten Steinbruch finden sehr selten Sprengungen statt.

Café Bockmeier

Besitzer: Herr Bockmeier
Anschrift: Kufsteiner Str. 84
Telefon: 08034-708945
Öffnungszeiten: Tagesbetrieb
Ruhetag: Sonn- und Feiertag
Betriebsurlaub: November 3 Wochen
Speisen: Mittagstisch, hausgemachte Kuchen und Torten
Kartenmaterial: Topographische Wanderkarte des Bayerischen Landesvermessungsamtes 1:50000 Mangfallgebirge
Tourismusinfo: Verkehrsamt Flintsbach 08034-306620, www.flintsbach.de

Verborgen ist oft manche Schönheit,
die sich erst nach der Mühe genauer Betrachtung offenbart

6) Tief unter dem Sonntagshorn – die hintere Kraxenbachschlucht

Charakteristik der Tour

Die Felspyramide des Sonntagshorns ist der höchste Berg der Chiemgauer Alpen. Auf seinem Kamm verläuft die Grenze zu Österreich. Seine Felsflanken brechen steil und wildzerklüftet nach Norden ab, während im Süden an den Bergflanken Grasmatten hoch hinauf wachsen. Der bekannte Ferienort Ruhpolding mit dem Rauschberg ist nicht weit entfernt. Zunächst gehen wir einen breiten Schotterweg leicht bergauf. Von der Ferne grüßen die beiden markantesten Berge der Chiemgauer Alpen, die Hörndlwand und das Sonntagshorn, das uns auf der heutigen Tour begleiten wird. An den Schwarzachenalmen biegen wir nun rechts auf einen Wanderweg entlang des Kraxenbaches. Hier ändert sich die Szenerie schlagartig. Wild zerklüftete Schluchten fallen an den Nordabstürzen des Sonntagshornes ab. Es sind die drei Schluchten des vorderen, mittleren und hinteren Kraxenbaches, der letzteren folgen wir bergauf. Dichter Buchenwald zieht die Schluchthänge hinauf und immer wieder ist der Weg durchzogen von seitlich herabfallenden Wasserfällen. Gerade hier bietet sich eine Pause an. Schmetterlinge tanzen durch die Luft und setzen sich sogar auf die Haut. Im weiteren Verlauf quert der Weg dreimal den hinteren Kraxen-

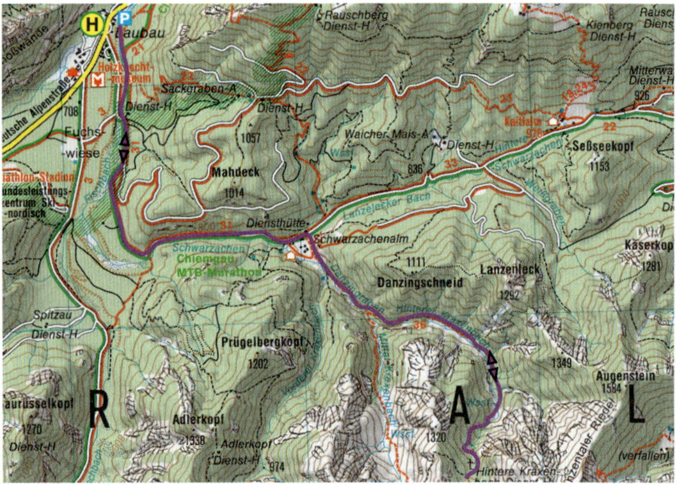

Ausschnitt aus KOMPASS WK 14 Lizenz-Nr: 6-0107-LAB

Wunderschöne Gumpen in der hinteren Kraxenbachschlucht

bach. An diesen Stellen sehen wir wunderbare Wasserfälle, die in dunkelgrüne Gumpen stürzen. Die Landschaft ist hier wild, durchzogen von steilen Felsflanken und dichten Bergwäldern.

Grundsätzlich liegen die Chiemgauer Alpen in einem von West nach Ost steigenden Kraftfeld. Da diese Tour bereits im östlichen Kalkstock liegt, ist deshalb ein relativ hohes Energieniveau anzutreffen. Was die Pflanzen auf dieser Tour angeht, so sind am Beginn des Weges rechter Hand einige Wacholderbüsche und Kiefern mit großen Baumkronen zu sehen, die eher an Pinien in Süditalien erinnern. Sie weisen ein hohes Kraftfeld auf. Für die nördlichen Kalkalpen ist diese Vegetation sehr ungewöhnlich. In der Schlucht finden wir Buchenwälder mit einem mittleren Energieniveau. Wechseln wir die Bachseite, ist es möglich, das sich feinfühlige Menschen plötzlich schlapp fühlen. Das liegt nicht nur am steilen Anstieg. Die Buchen sind hier glatt, unbemoost, hochstämmig und die Kraftfelder liegen nur um die Baumkronen. Wechseln wir dann erneut die Bachseite, kann es sein, das trotz gleicher Steigung plötzlich eine bessere Befindlichkeit eintritt, da wir uns in einem seltenen Lerchenwald befinden. Die vielen alten Bäume weisen starke Kraftfelder auf.

Anforderungen

Die Tour eignet sich für trittsichere Wanderer mit guter Kondition, Schwindelfreiheit ist nur bedingt erforderlich. Die Wege sollten nur bei trockener Witterung begangen werden.

Ein alter Lerchenwald gibt Kraft für den Aufstieg

Rastplätze

Gerade zum Baden, oder einfach nur Ausruhen bieten sich die vielen Gumpen an den Bachübergängen an.

Anreise

Wir fahren mit der Bahn ab München Hauptbahnhof Richtung Salzburg, bis nach Traunstein. In Traunstein steigen wir in den Zug nach Ruhpolding um. In Ruhpolding fahren wir mit der RVO-Linie 9506 Richtung Reit im Winkl bis zur Station Laubbau. Tel:08640-1008 im internet unter www.rvobus.de. Es fahren werktags etwa 6 Busse, am Wochenende etwa 4 Busse. Es besteht natürlich auch die Möglichkeit mit dem Taxi ab Bahnhof Ruhpolding nach Laubbau zu fahren. Die reine Fahrzeit von München Hbf. bis Laubbau beträgt etwa 2 Stunden und 10 Minuten.

Wir fahren auf der A8 München – Salzburg bis zur Ausfahrt Siegsdorf, Ruhpolding. An der Ausfahrt fahren wir rechts Richtung Ruhpolding. Am nächsten Kreisverkehr fahren wir rechts Richtung Ruhpolding. Wir durchfahren die Ortschaft Eisenärzt und gelangen nach etwa 6 km nach Ruhpolding. Dort durchfahren wir den Ort in Richtung Reit im Winkl. Nach etwa 3 km kommen wir in die Ortschaft Laubbau und folgen dem Wegweiser „Holzknechtmuseum" linker Hand zum Wanderparkplatz.

Erste Etappe (Aufstieg)

Gehzeit: 3 Stunden 20 Minuten
580 Höhenmeter bergauf

Wir gehen nun linker Hand zum Wanderparkplatz, dem Wegweiser „Holzknechtmuseum" folgend.

Ab hier für Autofahrer

Am Wanderparkplatz gehen wir auf einem geteerten Weg dem Wegweiser „Salinenweg" folgend taleinwärts.
An einer Weggabelung folgen wir links dem Wegweiser „Schwarzachenalm" über eine Brücke. Anschließend gehen wir an einer weiteren Weggabelung rechts, erneut auf einen breiten Schotterweg und folgen dem Wegweiser „Schwarzachenalm".

▶ An einer weiteren Weggabelung gehen wir nun leicht rechts bzw. geradeaus erneut dem Wegweiser „Schwarzachenalm" folgend weitgehend eben.

▶ Nach etwa 800 m an der nächsten Weggabelung folgen wir geradeaus dem breiten Schotterweg.

▶ Kurz vor den Schwarzachenalmen gehen wir nun rechts dem Wegweiser zum Sonntagshorn folgend auf einen Wanderweg entlang des Kraxenbaches.

▶ An einer weiteren Gabelung des Wanderweges folgen wir nun leicht links bzw. geradeaus dem Wegweiser „Sonntagshorn, Triftklause". Der Weg führt nun im Wechsel eben oder bergauf in Kehren, entlang des hinteren Kraxenbaches.

▶ Wir passieren nun die Triftklause. Der Weg führt anschließend hoch über der Schlucht in einigen Kehren bergauf.

▶ Unweit eines Felsabsturzes quert der Weg erstmals den Bach. Im steilen Gelände aus Fels und Geröll ist etwas Trittsicherheit notwendig. Wir folgen der roten Markierung auf der Gegenseite des Baches steil bergauf in den Buchenwald.

▶ Am Ende des Waldstückes ist ein kurzes Stück im steilen Gelände mit Drahtseil gesichert. Dann überqueren wir den Bach an einem wunderschönen Wasserfall.

Das Sonntagshorn über den Schluchten der Kraxenbäche

▶ Nun gehen wir durch den Lerchenwald weiter bergauf und folgen weiter der roten Markierung.

▶ Wir überqueren wieder den Bach und gehen bis zu einer kleinen Diensthütte. Hier endet die Wanderung.

▶ Rastplätze sind an oder etwas oberhalb der Hütte zu empfehlen. Hier führt der Weg wieder zum Bach hinunter. Bei der Bachüberquerung eignen sich auch die vielen Gumpen zum Baden und Entspannen.

Zweite Etappe (Abstieg)

Gehzeit: 2 Stunden 10 Minuten
580 Höhenmeter bergab

Die zweite Etappe (Abstieg) folgt exakt der ersten Etappe (Aufstieg). Bitte beachten Sie, dass eine Querung, wie in der Karte eingezeichnet, in die mittlere Kraxenbachschlucht nicht möglich ist. Der Weg ist hier völlig zugewachsen und nicht mehr vorhanden.

Lohnende Zwischenstation

Die Triftklause

Die Trift, also die Beförderung des Holzes auf dem Wasser, war bis Ende des 19. Jahrhunderts die einzige Möglichkeit aus entlegenen Gebirgstälern Holz zu transportieren. Um auch bei geringeren Wassermengen das zur Trift benötigte Wasser zu erhalten, wurden zum Aufstauen des Wassers hölzerne Querwerke (Klausen) gebaut. Die erste Klause im hinteren Kraxenbach wurde im 17. Jahrhundert erbaut. 1730 und 1831 wurde dieser Holzbau renoviert. Hierzu wurden jeweils 2 bis 3 qm Holz benötigt. Die Lebensdauer dieser Bauwerke betrug 50 bis 70 Jahre.

Lohnende Ziele in der Nähe

Das Holzknechtmuseum am Wanderparkplatz gibt uns Auskunft über die Holzarbeiter in der Region früher und heute. Hierzu sind auf dem Museumsgelände einige Hütten originalgetreu nachgebaut. Siehe auch hierzu die Beschreibung der Triftklause. Die Öffnungszeiten sind Dienstag bis Sonntag von 10 Uhr bis 17 Uhr.

Einkehrmöglichkeit nach der Tour

Nach der Tour lohnt es sich, das Zentrum Ruhpoldings zu besuchen. In der Nähe des Bahnhofs liegt das zauberhafte Hotel, Restaurant und Kaffee „Wittelsbach".
In einem idyllischen Garten, an Sommerabenden auch mit Musik, können Sie hier Köstlichkeiten genießen.
www.wittelsbach-ruhpolding.de
Besitzer: Familie Eismann
Anschrift: Rathausplatz 6, 83324 Ruhpolding
Telefon: 08663-1255
Öffnungszeiten: täglich
Speisen: gehobene bayerische Küche, Fisch- und Nudelgericht, Abendbuffet.
Kartenmaterial: Topographische Wanderkarte des Bayerischen Landesvermessungsamtes 1:50000 Chiemgauer Alpen und Berchtesgadener Alpen. Achtung! Hier werden beide Karten benötigt, die Tour liegt im Grenzbereich beider Karten!
Tourismusinfo: Tourismusbüro Ruhpolding, Telefon: 08663-88060, Internet: www.ruhpolding.de

In der Unendlichkeit der Schluchten und Wasserfälle entdecken wir uns neu. Wir lernen unseren Blick auf das Wichtigste zu lenken, denn nur so erreichen wir unser Ziel - hoch oben am Berg, wie im Leben auch.

7) Im Garten Eden – Der Alpingarten Lattengebirge

Charakteristik der Tour

Schon bei der Anreise sehen wir das imposante Massiv des Lattengebirges mit seinen Gipfeln, dem Dreisesselberg und dem Predigtstuhl. Letzterer ist mit der Bergbahn zu erreichen. Doch in das nordseitig steil abbrechende Schluchtensystem, verirrt sich kaum ein Tourist. Zu anspruchsvoll und weit sind hier die Wege. Der Alpingarten hat deshalb seinen Namen erhalten, da hier eine außergewöhnliche Vielfalt an Bäumen und Pflanzen wachsen. Da säumen Alpenhyazinthen und Stengelenzian zahlreich den Wegesrand. Aus diesem Grund beginnen wir die Tour an der rechten Hangseite des Wappbaches. Das Gestein der schroffen Abbrüche besteht aus Dachsteinkalk und Ramsaudolomit, zersetzt von jungeiszeitlichen Gesteinsschichten. Auf ihnen liegt nur eine dünne Humusschicht, so wachsen auch schon in niedrigen Lagen Latschenkiefern und Lerche. Jeder Baum, der sich unter diesen Bedingungen behaupten konnte, ist wie eine eigene Persönlichkeit: knorrig, ausladend und von unendlicher Schönheit, festgekrallt an exponierten Stellen wie Hangabbrüchen und Steilhängen.
Die Tour führt durchwegs auf

Ausschnitt aus KOMPASS WK 14 Lizenz-Nr: 6-0107-LAB

idyllische Pfade...

kleinen idyllischen Pfaden. Im Bereich des Toni-Michl-Steiges ist etwas Trittsicherheit erforderlich. Beim Abstieg, der steil ist, sind Teleskopstöcke zu empfehlen. Insgesamt sind die Weganlagen in sehr gutem Zustand, da auch ganz vereinzelt Kurgäste aus Bayrisch Gmain, diese Wege nutzen.
Auf dieser Tour ist das höchste Energieniveau im Spektrum aller beschriebenen Touren anzutreffen. Das liegt einerseits an den vielen alten Nadelbäumen und der Pflanzenvielfalt insgesamt, andererseits machen die Quellen diesen Bereich zu einem besonderen Ort der Kraft. Eine Quelle liegt unterhalb der Gedenktafel für Toni-Michl, der hier am 21.8.1986, an den nach ihm benannten Steig tödlich verunglückte. Durch die Verschiebung von Geröll im Bachbett und dem Abbruch kleiner Felspartien wird zudem ein hohes Maß an Erdstrahlung der vielfältigen Gesteine festgestellt. Testpersonen mit Beschwerden wie Magenschmerzen oder Erkältungen waren nach der Tour beschwerdefrei. Die als schwarze Energie bekannte Kraft dieser Bergregion, gibt feinfühligen Menschen Zugang zu ihrem Inneren. Gut zentrierte Menschen, werden sich daher entsprechend gestärkt fühlen. Geologisch gehört die Bergregion des Lattengebirges zu den Berchtesgadener Alpen.

Anforderungen

Die Tour eignet sich für trittsichere Wanderer mit guter Kondition, Schwindelfreiheit ist nicht erforderlich.

Rastplätze

Während der Tour bieten sich viele Rastplätze an. An heißen Tagen laden natürlich die Gumpen zum Baden ein. Sie liegen am Beginn der Tour, entlang des Wappbaches und auch am Ende der Tour, entlang des Weißbaches. Ein schöner Rastplatz liegt auch am Beginn der zweiten Etappe. Hier steht eine Bank über der Weißbachschlucht, vor uns öffnet sich der Blick über Salzburg hinweg zum

Gaisberg, dem Salzburger Hausberg.

Anreise

Wir fahren mit der Bahn ab München Hauptbahnhof Richtung Salzburg bis Freilassing. Dort steigen wir in den Zug nach Berchtesgaden um und fahren bis Bayrisch Gmain. Es verkehren stündlich Züge, immer mit Anschluß in Freilassing. Die Fahrzeit beträgt etwa 2 Stunden und 30 Minuten, die Umsteigezeit in Freilassing mit eingerechnet.

Wir fahren auf der A8 München – Salzburg bis zur Ausfahrt Bad Reichenhall. An der Ausfahrt fahren wir rechts Richtung Berchtesgaden und Bad Reichenhall. In Bad Reichenhall folgen wir den Wegweisern Richtung Bayrisch Gmain, Bischofswiesen und Berchtesgaden.

In Bayrisch Gmain fahren wir rechts über die Bahngleise und biegen dann links in die Ortsmitte und folgen den Wegweisern zum Bahnhof.

Erste Etappe (Aufstieg)

Gehzeit: 2 Stunden 30 Minuten
520 Höhenmeter bergauf

▶ Erklärung der Wegweiser: Fast alle Wegweiser, weisen einen Rundwanderweg aus, deshalb ist an den Schildern immer in beiden Richtungen ein Pfeil angebracht. An diesen Stellen wird deshalb auf die Wegrich-

...und vorbildliche Weganlagen im Toni-Michel-Steig

tung nachfolgend deutlich hingewiesen.

▶ Am Bahnhof gehen wir nun rechts wenige Meter und biegen links in die Obere Bahnhofstraße ein, das Straßenschild ist hier erst später zu sehen.

▶ An der nächsten Straßengabelung gehen wir rechts und darauf gleich wieder links, dem Wegweiser „Wanderzentrum" folgend, bergauf.

▶ Nach wenigen Metern, am Haus der Freiwilligen Feuerwehr, biegen wir scharf rechts auf einen geteerten Weg ein.

▶ Am Wegweiser „Wanderzentrum Bayrisch Gmain" biegen wir scharf links auf einen Schotterweg, dem wir nur wenige Meter bis zum Wappbach folgen. Wir überqueren den Wappbach auf einem Steg. Nach Hochwasser kann man

Der Abstieg in die Weißbachschlucht

auch über das schlammige Bachbett gehen, wenn es kein Wasser mehr führt. Danach führt der Weg rechts bergauf in den Wald.

▶ An einer Obstbaumwiese biegen wir nun links auf einen geteerten Fahrweg ein.

▶ In Höhe des Hauses Theo-Birkel-Weg 10 gehen wir weiter gerade aus. Der Weg mündet in einen Wiesenpfad, der bergauf in den Wald führt.

▶ An der nächsten Weggabelung im Wald gehen wir rechts steil bergauf.

▶ Nach wenigen Metern, wieder an einer Weggabelung, gehen wir nun scharf links. Der Weg führt nun über der Wappbachschlucht entlang.

▶ An der nächsten Wegkreuzung gehen wir nun rechts bergauf, dem Wegweiser „Alpgarten-Rundweg" folgend.

▶ Wir gehen nun etwa 1,5 km entlang der Schlucht, bergauf oder eben im Wechsel. Dann folgen wir dem Wegweiser „Alpgarten-Rundweg" linker Hand zum Wappbach über einen Steg. An der Bank gehen wir nun bergauf dem Wegweiser „Toni-Michl-Steig" folgend, bis auf etwa 1100 m Höhe. Der Weg hat vor allem auf dem letzten Teil steigähnlichen Charakter.

▶ Am Ende der Steigung im Buchenwald gelangen wir an eine Weggabelung. An einem Baum ist hier ein gelber Kasten befestigt. Wir folgen dem Wegweiser „Rundweg-Weißbach-Speik".

Zweite Etappe (Abstieg)

Gehzeit: 2 Stunden 30 Minuten
550 Höhenmeter bergab,
30 Höhenmeter bergauf

▶ Wir folgen dem zuletzt in der ersten Etappe beschriebenen Weg, weitgehend eben durch den Buchenwald.

▶ An der nächsten Weggabelung folgen wir nun dem Wegweiser „Rundweg-Weißbach-Speick" rechter Hand. Wir folgen diesem Weg nun etwa 300 Höhenmeter bergab.

▶ An der nächsten Weggabelung im Buchenwald gehen wir rechts, weiter dem Wegweiser „Rundweg-Weißbach-Speik" folgend.

▶ Wir gehen über einen kleinen Bach, bis direkt zum Weißbach. Dort steht wieder ein Wegweiser „Rundweg-Weißbach-Speik". Hier gehen wir auf die andere Bachseite, und folgen dem unbeschilderten Weg talauswärts bergab.

▶ An einem Steg über den Weißbach folgen wir dem Wegweiser "Rundwanderweg-Weißbach" rechter Hand und gehen weiter auf der rechten Bachseite bergab.

▶ An einem Rastplatz mündet der Wanderweg in einen breiteren Schotterweg, dem wir weiter bergab folgen.

▶ Wir überqueren nun die Brücke zur anderen Bachseite. Am Wegweiser „Mais-Rundweg" gehen wir links.

▶ Der breite Schotterweg führt nun entlang der Bahnlinie durch den Wald und mündet in Höhe des Wanderparkplatzes auf einen geteerten Fahrweg, dem wir weiter nach Bayrisch Gmain folgen.

▶ In Höhe des Hauses der Freiwilligen Feuerwehr gehen wir nun rechts in die Lattenbergstraße. Ab hier entspricht der Weg der Aufstiegsroute.

Einkehrmöglichkeiten nach der Tour

Nach der Tour bieten sich viele Einkehrmöglichkeiten an, so möchten wir uns hier nicht festlegen. So gibt es in Bayrisch Gmain einige Restaurants. Für Bahn- und Autofahrer gibt es aber gleichermaßen die Möglichkeit in Bad Reichenhall durch die Fußgängerzone zu gehen und dort eines der zahlreichen Kaffees und Restaurants zu besuchen.

Kartenmaterial: Topographische Wanderkarte des Bayerischen Landesvermessungsamtes 1:50000, Berchtesgadener Alpen.

Tourismusinfo: Tel: 08651-606401, www.bad-reichenhall.de

Karger Boden, zauberhafte Landschaften,
jeder Baum, der hier steht, ist deshalb zur Persönlichkeit herangewachsen.
kennen wir diese Gegensätze nicht auch aus dem Leben?

8) Im Angesicht des Karwendels – Der Vomperbach und seine Schlucht

Charakteristik der Tour

Natürlich werden Sie ungläubig schauen beim Anblick der Baustofffabrik, hier soll die Tour los gehen?! Der Kontrast zwischen den Industrieanlagen des Inntals und unserer folgenden Tour sind enorm. Nicht nur wir wollen die Energie des Vomperbaches nutzen, auch das Elektrizitätswerk gewinnt Strom aus dem Bach. Nachdem wir dieses aber passiert haben, erschließt sich der Blick in eine hochinteressante Schluchtlandschaft. Über viele Stege geht der Weg, bevor wir dann auf dem letzten Steg am Wehr ungläubig in das türkisfarbene Wasser schauen können. Gibt es denn so eine Farbe wirklich? Es sieht fast aus wie eingefärbt. Halten Sie inne - woran erinnert Sie diese Farbe? Das Wasser kommt auch im Sommer noch vom Schnee aus dem Hochkarwendel, deshalb diese wunderschöne Farbe.
Nach einem steilen Anstieg durch schönen Mischwald sind wir dann auch schon am Berggasthof Karwendelrast. Hier hat man einen herrlichen Blick über weite Wiesen, das Inntal und zum Kellerjoch, dem Hausberg der Schwazer. Bitte beachten sie die Öffnungszeiten des Gasthofes. Er ist nur an Samstagen, Sonn- und Feiertagen ge-

Ausschnitt aus KOMPASS WK 26 Lizenz-Nr: 6-0107-LAB

Felsentor auf dem Weg durch die Schlucht

öffnet. Der Abstieg führt dann als Rundwanderweg zurück zum Ausgangspunkt.
Energetisch ist im Bereich des Schluchtweges an den abfallenden Felsflanken eine erhöhte Erdstrahlung festzustellen.
Auch das türkisfarbene Wasser hat auf seinem langen Weg durch das Karwendel Erd- und Sonnenenergie absorbiert. Die Bäume haben ein schwaches Kraftfeld, da ihre Wurzeln im schotterigen Gestein des Karwendels nur schwer Wasser finden. Es versickert nach jedem Regen sofort. Dies ist auch an den schütteren Baumkronen der Nadelbäume zu erkennen.
Einen Kontrast bilden die Kiefern am Eingang der Schlucht mit ihren vollen Baumkronen. Sie stehen auf Tufsteinen, die geologisch nicht zum Karwendel gehören. Schauen Sie genau hin: Welcher der Bäume hat wohl das größte Kraftfeld?
Der Name „Karwendel" stammt übrigens aus dem venetischen kravant, das für „Kare" (Einschnitt, Übergang) bzw. „Wand" steht.

Rastplätze

Sind aufgrund des steilen Geländes nicht vorhanden.

Anforderungen

Es handelt sich um eine einfache Wanderung, beim Aufstieg nach der Schlucht ist etwas Trittsicherheit erforderlich.

Das Krawendel steht hoch über dem Inntal und dem Vomper Loch

Anreise

Mit der Bahn fahren wir von München Hauptbahnhof nach Rosenheim. Dort steigen wir in den Zug nach Innsbruck um und fahren bis Vomperbach-Pill. Die Züge fahren hier zumeist stündlich mit Direktanschluß in Rosenheim, gleiches gilt für die Rückfahrt. Das günstige Bayernticket gilt aber nur bis Kufstein, man kann aber im Zug nachlösen. Die Fahrzeit beträgt etwa zwei Stunden.

Wir fahren auf der A8 München - Salzburg bis zum Inntaldreieck. Wir wechseln auf die A 93 der Inntalautobahn über Kufstein und Schwaz bis zur Ausfahrt Vomp. An der Ausfahrt fahren wir geradeaus Richtung Vomperbach. An der nächsten Straßengabelung fahren wir geradeaus Richtung Terfens. Wir bleiben auf der Hauptstraße und fahren an einem Baustoffwerk vorbei, danach ist rechts neben der Straße ein Parkplatz. Hier kann man am Wochenende parken.

Hinweis für Variantengeher

Der Weg von Ummelberg in die Schlucht des Vomperbaches war im August 2006, nach einem Hangrutsch gesperrt. Bitte erkundigen Sie sich deshalb vorher im Tourismusbüro ob dieser Weg wieder gehbar ist.

Erste Etappe (Aufstieg)

🚗

Gehzeit: 1 Stunde 40 Minuten
200 Höhenmeter bergauf

🚂

Gehzeit: 2 Stunden 10 Minuten
220 Höhenmeter bergauf

▶ Nach wenigen Metern auf der geteerten Fahrstraße gehen wir rechts und kommen auf den Fußweg der Hauptstraße dem wir linker Hand unter die Autobahn folgen.

▶ An der nächsten Straßengabelung folgen wir dem Wegweiser „Terfens" geradeaus.

▶ Ab hier auch für Autofahrer 🚗 ▼

▶ An der Informationstafel von Terfens-Vomperbach (hier ist auch eine Bushaltestelle) gehen wir rechts in die geteerte Straße.

▶ An der nächsten Straßengabelung gehen wir nun links in Richtung der Schlucht.

▶ Die Straße führt nun entlang des Vomperbaches.

▶ Vorbei an einem Steg bleiben wir auf der geteerten Fahrstraße entlang des Vomperbaches und folgen dem Wegweiser „Karwendelrast".

▶ Beim E-Werk Schwanz ist eine Weggabelung. Hier gehen wir am E-Werk vorbei über die Brücke, auf die andere Seite des Bachs.

▶ Nach dem E-Werk mündet der Weg nun in einen romantischen Schluchtweg, der mehrmals die Bachseite wechselt. Bitte beachten sie hier die Warnschilder an den Stegen, da nur zwei Personen gleichzeitig auf dem Steg stehen dürfen. Wir folgen weiter dem Wegweiser „Vomperberg, Karwendelrast".

▶ An einen Wehr wechseln wir erneut die Bachseite und folgen dem Wegweiser „Vomperberg".

▶ Es geht in vielen Kehren steil bergauf durch den Wald.

▶ Wir kreuzen einen breiten Schotterweg und gehen weiter auf dem schmalen Wanderpfad geradeaus bergauf, dem Wegweiser „Karwendelrast" folgend.

▶ Am Ende des Anstieges stehen wir am Waldrand direkt am Berggasthof Karwendelrast.

Zweite Etappe (Abstieg)

🚗

Gehzeit: 1 Stunde
200 Höhenmeter bergab

🚂

Gehzeit: 1 Stunden 30 Minuten
220 Höhenmeter bergab

▶ Am Berggasthof Karwendelrast gehen wir nun rechts die geteerte Straße bergab.

▶ An der nächsten Straßengabelung gehen wir rechts dem Wegweiser „Hasental" nach.

▶ Die geteerte Straße mündet nun in einen Wanderweg der auf beiden Seiten von Weidezäunen eingerahmt ist.

▶ Wenig später führt der Weg in einigen Kehren steil bergab durch den Wald.

▶ An dem breiten Schotterweg

gehen wir links dem Wegweiser „Waldweg Vomp" etwa zehn Meter nach. Dann gehen wir rechts auf einen schmalen Wanderweg, der in einigen Kehren steil bergab durch den Wald führt. Danach verläuft der Weg weniger steil bergab. Zur Orientierung sind hier einige rot-weiße Begrenzungspfosten angebracht.

▶ An der Kiesgrube folgen wir nun rechts dem Wegweiser „Vomperbach". Es geht in vielen Kehren steil bergab.

▶ Im Tal führt der Weg auf einem Steg über den Vomperbach. Wir gelangen hier wieder auf die geteerte Fahrstraße, hier gehen wir links. Zur Orientierung: Hier stehen die Wegweiser „Vomper-Waldweg, Karwendelrast", die wir aber ignorieren!

▶ Die restliche Wegstrecke entspricht der ersten Etappe des Aufstieges.

Lohnende Zwischenstation

Eine kleine Kapelle liegt am Eingang des Vomperbaches. Sie wurde im Juni 2006 restauriert. In der kleinen Grotte hängen die Bilder des Kreuzweges an den Tufsteinen.

Lohnende Ziele in der Nähe

Auf der Rückfahrt lohnt sich ein Besuch des Silberbergwerkes in Schwaz. Auch die historische Altstadt von Rattenberg mit seiner Burg ist sehenswert.

Alpengasthof Karwendelrast

Besitzer: Familie Astner
Anschrift: Alpengasthof Karwendelrast, A-6134 Vomp bei Schwaz
Telefon: 0043-5242-62251
Öffnungszeiten: Samstag und Sonntag, Tagesbetrieb
Ruhetag: Montag bis Freitag
Betriebsurlaub: keiner
Speisen: Tiroler Küche
Kartenmaterial: Topographische Wanderkarte des Bayerischen Landesvermessungsamtes 1:50000
Tourismusinfo: Schwaz, Tel: 0043-5242-62616, silberregion-karwendel.at/wanderurlaub

Das türkise Blau des Baches zeigt mir die Reinheit der Berge

9) Kleine schöne Welt an den Blaubergen – Am Hohlensteinbach

Charakteristik der Tour

Schon bei der Anfahrt vor Wildbad Kreuth sehen wir die Blauberge. Ihr Name rührt daher, dass an sonnigen Tagen im Schatten der Nordabbrüche die Berge leicht blau erscheinen. Vielleicht liegt es ja an der besonderen Aura des Tegernseer Tals, dass diverse Sportler sich zum Training hierher zurückziehen. Auch die Politiker versuchen hier Kräfte zu sammeln und fokussiert zu arbeiten. Vielleicht können auch Sie die besondere Atmosphäre spüren. Unsere Tour geht zunächst auf breiten Schotterwegen entlang der Weissach, bis wir dann der Hofbauernweißach nach Süden hin folgen - mit den Blaubergen im Blick. Hier können wir im Hochsommer auch das ausgetrocknete Bachbett benützen. Später führt uns dann ein Wanderweg in angenehmer Steigung entlang des Hohlensteinbaches bergauf. Immer wieder können wir hier die Tiefblicke zum Bach hinunter genießen, immer begleitet von seinem Rauschen tief unten in der Schlucht. Kurz vor Ende des Aufstieges sind Wasserfälle, die gerade nach Regenfällen sehr schön aussehen. Oben angekommen, an den Bergwiesen der Hohlensteinalm, schweift

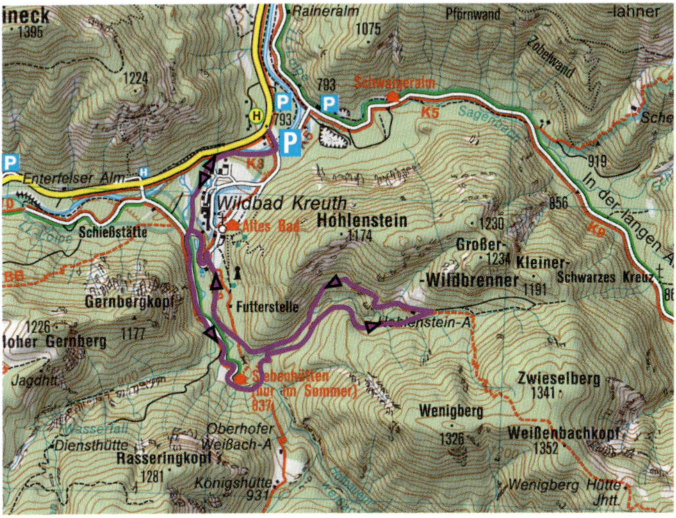

der Blick hinüber zum Kamm der Blauberge und zum Schildenstein.
Energetisch sind zunächst die Bäume zu erwähnen. Moosbewachsen sind hier die Stämme einiger Ahornbäume, ebenso der Buchen. Sie verteilen - anders als in den Chiemgauer Alpen - eine ruhige Kraft, da ihre bemoosten Stämme Energie aufnehmen und gleichmäßig wieder abgeben. Das Wandern im Bachbett der Hofbauernweißach gibt Ihnen Ruhe und innere Gelassenheit. Lassen Sie dabei ihre Seele baumeln und richten Sie Ihren Blick aufrecht zu den Blaubergen. Am Weg entlang des Hohlensteinbaches geben die felsdurchsetzten Grasflanken Erdstrahlung ab, ebenso wie der Hang auf der Gegenseite über der Hohlensteinalm. An diesem Hang ist die Erdstrahlung besonders stark. Dort gibt es keine Bodenerosion, obwohl der Borkenkäfer hier einigen Nadelbäumen extrem zugesetzt hat. Grundsätzlich sind die Blauberge bezüglich ihrer Erdstrahlung als eigenes, in sich geschlossenes Gebirge zu betrachten. Energetisch liegen sie im Mittelfeld der beschriebenen Touren.

Anforderungen

Es handelt sich hier um eine einfache, kurze Wanderung. Trittsicherheit oder Kondition sind hier nicht erforderlich.

Rastplätze

Auf den Bergwiesen der Hohlensteinalm, kann man gut Rasten. Für die nassen Wiesen ist ein Sitzkissen zu empfehlen, Selbstverpflegung ist erforderlich.

Anreise

Von München Hauptbahnhof fahren stündlich Züge der Bayerischen Oberlandbahn (BOB) bis nach Tegernsee. Von dort geht es weiter mit RVO-Bus 9556 (Richtung Kreuth-Gramai) bis zur Haltestelle Wildbad Kreuth. Der Bus verkehrt in ein- oder zweistündigem Takt an allen Tagen. Info unter Tel: 08022-3980 oder im Internet unter www.rvo-bus.de

Wir fahren auf der A8 München-Salzburg bis zur Ausfahrt Holzkirchen, hier Richtung Bad Wiessee. Wir fahren über Warngau und Gmund nach Bad Wiessee. In Bad Wiessee folgen wir der Beschilderung Richtung Achensee. Etwa 2 km hinter Kreuth sehen wir einen Wanderparkplatz mit Hinweisschild „Altes Bad, Wildbad Kreuth".

Erste Etappe (Aufstieg)

Gehzeit: 1 Stunde 20 Minuten
210 Höhenmeter bergauf

▶ Am Wanderparkplatz gehen wir links den Schildern „Altes Bad, Wildbad Kreuth" folgend.
▶ Nachdem wir eine Brücke überquert haben, folgen wir den Schildern „Gaißalm, Königs-

Bemooste Baumstämme verströmen auf der Tour eine ruhige Kraft

alm, Siebenhütten" rechts in einen Wanderweg.

▶ An einer Linkskurve des Wanderweges können wir entweder dem Wanderweg folgen oder geradeaus auf einen Wiesenpfad gehen, der uns in einer Linkskurve entlang des Baches ebenfalls zur folgenden Weggabelung an der Brücke führt.

▶ An dieser Weggabelung gehen wir rechts den Schildern „Gaißalm, Königsalm, Siebenhütten" folgend und überqueren einen Bach.

▶ Nach etwa 30 Metern folgen wir an einer Weggabelung links dem Schild „Gufferthütte, Siebenhütten" auf einen breiten Schotterweg. Hier können wir aber auch den parallel verlaufenden Uferpfad gehen, der immer wieder in den Schotterweg mündet. Wir können aber auch, je nach Wasserstand, Teile des Bachbettes flußaufwärts benützen. Lediglich auf dem letzten Drittel des Weges müssen wir auf dem Schotterweg gehen.

▶ Der breite Schotterweg führt uns nun weiter flußaufwärts.

▶ Wenn wir Siebenhütten mit dem Gastgarten auf der gegenüberliegenden Uferseite schon sehen, gehen wir links auf einen Wanderweg. Dieser führt über eine Brücke zur Hütte.

▶ Kurz vor der Hütte gehen wir rechts dem Wegweiser „Holstein, Halserspitze" folgend, auf einem breiten Schotterweg bergauf.

▶ Nach etwa 50 Metern an einer Wegkreuzung folgen wir links, dem Wegweiser „Halserspitze" und gehen bergauf auf einen Wanderweg. Wir folgen der roten Markierung.

▶ Der Weg geht bergauf und führt in ein kleines Tal, entlang des Hohlensteinbaches.

▶ Am Ende des Anstiegs kreuzt der Weg den Bach. Auf der anderen Bachseite geht es noch einige Meter bergauf. An der nächsten Weggabelung gehen wir scharf links. Hierbei ignorieren wir die Wegweiser „Stangenhäusl, Halserspitz, Wildbad Kreuth".

▶ Wir gehen nun an der Hohlensteinalm vorbei auf einen breiten Schotterweg.

Zweite Etappe (Abstieg)

Gehzeit: 1 Stunde
210 Höhenmeter bergab

▶ Der breite Schotterweg führt in einigen Kehren bergab und quert dabei zweimal den Bach.

▶ An einer Wegeinmündung ignorieren wir die Wegweiser „Siebenhütten, Schildenstein, Blauberge" und gehen weiter geradeaus. Wenig später gabelt sich der Weg. Hier gehen wir links am Hochufer der Hofbauernweißach entlang, dem Wegweiser „K8" folgend.

▶ Der Weg mündet an einer

Das Bachbett der Hofbauernweißach mit den Blaubergen im Hintergrund

Wiese auf einen breiteren Schotterweg, dem wir links zum Gasthof Altes Bad folgen. Wenige Meter davor biegen wir scharf links, dem Wegweiser „Forellenzucht" folgend bergab, weiter auf einem breiten Schotterweg.

▶ An der Weggabelung vor der Brücke, die über den Bach führt, gelangen wir wieder auf unsere Route vom Hinweg und folgen nun rechts dem Wanderweg mit dem Wegweiser „Kreuth-Parkplatz".

Lohnende Zwischenstation

Hanns-Seidel-Stiftung

Das Gebäude der Hanns-Seidel-Stiftung war früher ein Sanatorium und bis 1973 ein Kurhaus. Heute ist es ein Zentrum für politische Bildungsarbeit und bekannt durch die alljährlich im Januar stattfindenden Klausurtagungen der Christlich-Sozialen-Union. Die Hanns-Seidel-Stiftung liegt nicht weit entfernt vom Gasthof Altes Bad.

Lohnende Ziele in der Nähe

Für Entspannung sorgt nach der Tour ein Abstecher in das Jod- und Schwefelbad Bad Wiessee mit seiner großen Saunalandschaft.

Hierzu folgen Sie bitte der entsprechenden Beschilderung in Bad Wiessee.

Einkehrmöglichkeit während der Tour

Auf der Anstiegsroute können wir Siebenhütten direkt an der Hofbauernweißach gelegen, empfehlen. Ruhetag ist hier jeweils Dienstag.

Beim Abstieg empfehlen wir das Wirtshaus Altes Bad. Früher konnte man hier Kuranwendungen genießen. Vor dem Gastgarten fließt immer noch der schwefel- und eisenhaltige Bach. Hierher lohnt ein Abstecher zu Kaffee und Kuchen ebenso wie zur Brotzeit. Ruhetage sind hier Montag und Dienstag. Die Kapelle neben dem Gasthof, kann nur zu den Gottesdiensten an einigen Sonntagen besichtigt werden.

Kartenmaterial: Topographische Wanderkarte des Bayerischen Landesvermessungsamtes 1:25000, Tegernsee, Schliersee oder 1:5000 Mangfallgebirge

Tourismusinfo: Kreuth, Telefon: 08029-1819, Internet: www.kreuth.de

Blaue Berge, grüne Wälder, sie sind die Farbtupfen, die uns Kraft geben und uns inspirieren

LESESTOFF FÜR LAND UND LEUTE

Das Rosenheimer Journal bietet Ihnen Lesestoff in Hülle und Fülle, und das alle zwei Monate aktuell! Südbayerns und Tirols große Illustrierte versorgt Sie in einem Gebiet von München bis Wörgl und von Miesbach bis Salzburg mit Informationen über die wichtigsten gesellschaftlichen und kulturellen Events, stellt Ihnen unsere Städte und Ortschaften vor, bringt Neuigkeiten aus Sport, Reise, Freizeit, Politik, Automobil und vielem mehr, was so richtig Spaß macht. Wer wissen will, was wirklich los ist, kommt am Rosenheimer Journal nicht vorbei.

Rosenheimer Journal · Adlzreiterstraße 16
Im Hofbräu · 83022 Rosenheim
Tel.: 0 80 31 / 14 04 1 · Fax: 0 80 31 / 32 23 3
Internet: www.rojo.de · e-mail: info@rojo.de

10) Paradies unter den Wänden der Reiter Alm – Die Aschauer Klamm

Charakteristik der Tour

Schon bei der Anfahrt hinter Inzell sehen wir die imposante Felskulisse der Reiter Alm aufragen. Darunter erstreckt sich ein kleines Paradies, die Aschauer Klamm. Sie ist nach der Fauna- und Flora-Habitat-Richtlinie und nach der Vogelschutzrichtlinie der Europäischen Union im Europäischen Biotopverbund Natura 2000 als Naturschutzgebiet ausgewiesen. Wenn wir hier der Sonne entgegen gehen möchten, sollten wir gerade an Herbsttagen die Mittagsstunden nutzen. Denn hinter den steilen Felsabbrüchen verschwindet die Sonne am späten Nachmittag schnell. Der Hauptteil des Klammweges ist wildromantisch. An steilen Felswänden vorbei schlängelt sich hier der Weg durch die Schlucht. Immer wieder sehen wir wunderschöne Gumpen, die von kleinen Wasserfällen unterbrochen sind. Am Ende der Schlucht weitet sich die Klamm zu einem bewaldeten Tal und öffnet den Blick auf die Felskulisse der Reiter Alm.
Die Tour selbst führt zunächst auf dem bekannten Tauern-

Ausschnitt aus KOMPASS WK 14 Lizenz-Nr: 6-0107-LAB

Radweg entlang der Saalach. Nach dem Haiderhof - unsere Einkehr am Ende der Tour - ändert sich die Szenerie. Dann führt ein schmaler Pfad immer in der Nähe des Bachbettes durch die Klamm nach Süden. Im Hauptteil der Klamm führt dann der Weg in einigen Kehren bergauf, dabei wechseln wir immer wieder die Bachseite. Unsere Wanderung führt uns bis zur Aschauer Klause, die früher zur Holztrift benutzt wurde. Insgesamt ist der Klammweg vorbildlich angelegt und problemlos zu gehen. Energetisch sind zunächst die Bäume zu erwähnen, deren große Vielfalt beeindruckend ist. Wir sehen neben Kiefern, Fichten und einigen Lerchen auch viele Laubbäume wie Eberesche, Buchen und Weiden. Sie geben eine gleichmäßige, anregende Strahlung ab. Zudem stehen in der Nähe des Bachbettes einige größere Kiefern, die erhöhte Kraftfelder aufweisen. Ihre vollen Baumkronen, zeugen von einem kerngesunden Wald mit einem hohen Energieniveau. Oberhalb des Haiderhofes - hierzu gehen sie ein Stück des Wanderweges nach Oberjettenberg – gibt es einige seltene Nadelbäume aus dem Mittelmeerraum. Unter dem lichten Wald ist ein schöner Grasteppich zu finden. Auf ihm wachsen Alpenveilchen und Stengelenzian. Die Erdstrahlung ist im Hauptteil der

Beispiel für strahlungsintensive Felsflanken

Klamm besonders hoch, da hier der Weg direkt an den steilen Felsflanken vorbeiführt. Ohnehin ist die Erdstrahlung der Reiter Alm sehr hoch, da es sich hier, wie oft in den Berchtesgadener Alpen um ein massiges Gebirge mit einer weiten Hochfläche handelt. Von diesem Plateau fallen zu allen Seiten steile Felswände senkrecht ab. Auch im Bereich des Bachbettes sind Orte mit erhöhter Erdstrahlung anzutreffen. Die Wanderung liegt im Saalachtal. Es ist eines der wenigen in diesem Bereich, das nach Südwesten ausgerichtet ist. Die lange Sonneneinstrahlung in diesem Tal trägt zusätzlich zu diesem außerge-

Die Hochfläche der Reiteralm bricht steil nach Westen ab, links: die Reiter Alm

wöhnlich hohen Energieniveau bei. Lieber Leser, ich war auf dieser Wanderung einfach nur glücklich - wie in einem kleinen Paradies. Ich habe nicht den kleinsten Gedanken an meinen Alltag verloren.

Anforderungen

Es handelt sich hier um eine normale Wanderung. Lediglich im Bereich des mittleren Klammweges ist etwas Trittsicherheit erforderlich.

Rastplätze

An der Aschauer Klause - der Name ist nur auf der Karte zu finden - ist ein schöner Rastplatz mit Bänken und Tischen. Es lohnt sich aber ebenso direkt am Bachbett zu verweilen.

Anreise

Von München Hauptbahnhof fahren wir mit dem Zug Richtung Salzburg nach Freilassing. Dort nehmen wir den Anschlusszug Richtung Berchtesgaden bis Bad Reichenhall. Dort fahren wir dann mit der Buslinie 260 bis zur Haltestelle Schneizlreuth-Renner. Die Fahrzeit beträgt etwa 2 Stunden 45 Minuten. Es fahren nur wenige Busse. Infos unter www.rvobus.de Tel: 08652-44820.

Von der Ausfahrt Siegsdorf an der A8 München-Salzburg fahren wir über Inzell und

Weißbach nach Schneizlreuth. Dort fahren wir an der ersten Straßengabelung links Richtung Bad Reichenhall, Berchtesgaden. Nach etwa 200m an einer Bushaltestelle, fahren wir rechts dem Wegweiser „Haiderhof" nach, zunächst auf einem geteerten Fahrweg, dann auf einem Schotterweg. Für Autofahrer, die später im Haiderhof einkehren, ist die Anfahrt erlaubt. Siehe hierzu das „Anlieger frei"-Schild.

Erste Etappe (Aufstieg)

Gehzeit: 1 Stunde 35 Minuten
270 Höhenmeter bergauf

Gehzeit: 2 Stunden 10 Minuten
290 Höhenmeter bergauf

▶ An der Bushaltestelle Schneizelreuth-Renner folgen wir dem Wegweiser „Haider-Hof, Aschauer Klamm" auf einem geteerten Fahrweg, dann auf einem Schotterweg entlang der Saalach, bis wir zum Haiderhof gelangen. Für diese Etappe benötigen sie etwa 45 Minuten. Eine Richtungsangabe entfällt da die Anfahrt zu beiden Bushaltestellen möglich ist.

▶ Ab hier auch für Autofahrer ▼

▶ Hinter dem Haiderhof folgen wir dem Wegweiser „Aschauer Klamm" auf einem schmalen Wanderpfad in die Schlucht. Der Pfad wechselt zweimal die Bachseite und verläuft weitgehend eben.

▶ An der Weggabelung folgen wir dem Wegweiser „Aschauer Klamm" weiter in die Klamm. Der Weg wechselt nun mehrmals die Bachseite und führt im Hauptteil der Klamm in einigen Kehren bergauf.

Alphorn, Wartsteinkopf und die Weitschartenköpfe

Am Ende der Klamm führt der Weg nun weiter bergauf durch ein tief eingeschnittenes, bewaldetes Tal, bis zur Aschauer Klause, deren Kennzeichnung nur auf der Karte zu finden ist. Siehe hierzu auch unter Rastplatz.

Zweite Etappe (Abstieg)

Gehzeit: 1 Stunde 10 Minuten
270 Höhenmeter bergab

Gehzeit: 1 Stunde 45 Minuten
290 Höhenmeter bergab
Der Rückweg ist identisch mit der ersten Etappe (Aufstieg).

Lohnende Ziele in der Nähe

Ein Abstecher nach Berchtesgaden mit seiner schönen Altstadt lohnt sich. Auch die Besichtigung des Salzbergwerkes ist zu empfehlen.

Haider-Hof

Pächter: Martin und Anja Kastner
Anschrift: Oberjettenberg 6, 83458 Schneizlreuth
Telefon: 08651-770567
Öffnungszeiten: Schulferien: täglich, sonst Fr, Sa, So und Feiertag von 9 – 19.30 Uhr
Ruhetag: siehe oben
Betriebsurlaub: keiner
Speisen: Almkäse, selbstgemachte Butter, hausgemachter Kuchen, Bayerische Küche
Übernachtungsmöglichkeiten: 3 DZ, 1 Fewo, Matratzenlager für 40 Personen, 1 Selbstversorgerhütte
Anfahrt bis Zum Haus: Wie in der Anfahrtsbeschreibung für Autofahrer beschrieben.
Kartenmaterial: Topographische Wanderkarte des Bayerischen Landesvermessungsamtes 1:5000 Berchtesgadener Alpen.
Tourismusinfo: Weißbach, Telefon: 08665-7489, Internet: www.schneizlreuth.de

Nur einen Schritt nach dem anderen können wir machen, um unser Ziel zu erreichen, das sollten wir für alle Lebensbereiche beherzigen.

11) Zu Füssen des Großvenedigers – Der Untersulzbachwasserfall

Charakteristik der Tour

Schon bei der Anfahrt in die Sulzbachtäler sehen wir an klaren Tagen die Gletscherwelt der Hohen Tauern, mit ihrem zweithöchsten Berg dem Großvenediger mit 3674 m. Daneben liegt der Kleinvenediger. Beide Berge sind durch einen Sattel verbunden. Gerade nach Neuschnee, der auf dieser Höhe zu jeder Jahreszeit fallen kann scheinen diese Bergriesen wie aus Elfenbein geschnitzt. An klaren Tagen ist dieser Anblick atemberaubend schön. Beide Berge sind von einem Aussichtspunkt unserer Wanderung zu bestaunen. Der darunterliegende Talschluß des Untersulzbachtales steht unter besonderem Schutz des Nationalparks Hohe Tauern und darf deshalb nicht begangen werden. Deshalb wirkt dieses Tal so urtümlich. Am Eingang des Untersulzbachtales liegt der Untersulzbachfall, dem wir uns auf dieser Wanderung widmen. Die Tour führt an der Westseite der Wasserfälle bergauf. Viele Aussichtskanzeln ermöglichen faszinierende Tiefblicke, die schönste Aussichtskanzel befindet sich gleich am Beginn der Tour. Der Weg schlängelt sich in

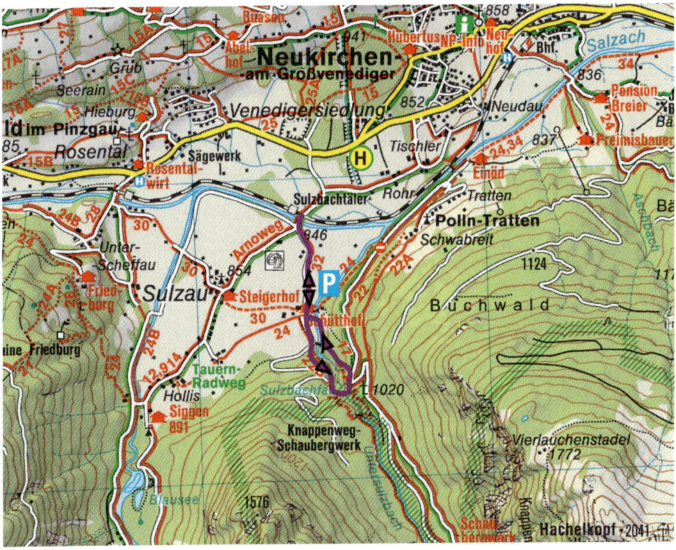

Ausschnitt aus KOMPASS WK 38 Lizenz-Nr: 6-0107-LAB

Ausgangspunkt der Wanderung: der Schmiedhof

vielen Kehren durch den Fichtenwald bergauf. Dann geht es über einen Holzsteg, der nur einzeln betreten werden darf, bergab auf die andere Bachseite. Am Beginn des Abstiegs können wir von einem Aussichtspunkt über dem Talschluß des Untersulzbachtales den Groß- und Kleinvenediger bewundern. Anschließend windet sich der Weg in vielen Kehren bergab, auch hier können wir nun auf der gegenüberliegenden Bachseite von einigen Aussichtskanzeln aus den Wasserfall bewundern. Dabei sehen wir die grellgrünen Flechten an den Felswänden. Durch die Sprühnebel der Wasserfälle und der guten Luft, können sie dort gut wachsen.

Energetisch sind genau diese Felswände bedeutsam, da von den Flechten eine gleichmäßige, feine Strahlung ausgeht. Grundsätzlich sind ja die Hohen Tauern ein Gebirge mit aufgeschüttetem Gesteinsmaterial, hauptsächlich aus Gneis und Granit. Aus diesem Grund sind nur punktuell Orte mit verstärkter Erdstahlung zu finden. Vor allem im Wald, vor der Überquerung des Bachsteges ist eine gleichmäßige Strahlung zu beobachten, da hier die Fichten mit Flechten bewachsen sind und darunter schöne Matten von Blaubeerbüschen zu finden sind. Einige alte Fichten am Wasserfall sind hoch gewachsen, ihre Stämme sind von einer ungewöhnlichen Dicke. Sie weisen erhöhte Kraftfelder auf.

Anforderungen

Es handelt sich hier um eine einfache, kurze Wanderung. Etwas Trittsicherheit ist erforderlich.

Rastplätze

Viele Bänke laden an dem idyllischen Wasserfallweg zum Verweilen ein.

Anreise

🚂 Von München Hauptbahnhof fahren wir mit dem Zug Richtung Salzburg. Dort steigen wir in Richtung Schwarzach-St.Veit und Zell am See um. Von dort fahren wir mit der Pinzgau-Bahn nach Mittersill. In Mittersill fahren wir mit dem ÖBB-Bus bis zur Haltestelle Sulzbachtäler hinter Neukirchen. Auch besteht die Möglichkeit direkt von Zell am See aus mit dem Bus zur Haltestelle Sulzbachtäler zu fahren.
Für Bahnreisende empfiehlt sich ein mehrtägiger Aufenthalt, zum Beispiel in Neukirchen am Großvenediger, da von dort aus auch die im Buch beschriebene Tour zum Leitenkammersteig mit öffentlichen Verkehrsmitteln realisierbar ist. Die Anreise für diese Tour beträgt etwa 4 bis 5 Stunden.
Infos für die Fahrt ab Zell am See: ÖBB-Post-GmbH Zell am See 06542-5444-18 oder www.urlaubsarena-wildkogel.at, Package „Sanfte Mobiltät"
🚗 Wir fahren auf der A8 München-Salzburg bis zum Inntaldreieck und weiter auf der Inntalautobahn bis Kufstein Süd. Weiter geht es über Scheffau und Ellmau nach Kitzbühl und weiter über den Paß Thurn, dabei folgen wir immer dem Wegweiser „Felbertauern". Bei der Abfahrt vom Paß Thurn fahren wir nach Mittersill und folgen den Wegweisern nach Krimml. Nach der Ortschaft Neukirchen am Großvenediger, nach etwa 1 km, fahren wir links ab und folgen dem Wegweiser „Sulzbachtäler". Nach Überquerung der Salzach an einer Weggabelung fahren wir links zum Untersulzbachfall bzw. zum Schütthof.

Erste Etappe (Aufstieg)

🚗
Gehzeit: 45 Minuten
175 Höhenmeter bergauf
🚂
Gehzeit: 1 Stunde 15 Minuten
175 Höhenmeter bergauf

▶ An der Bushaltestelle folgen wir dem Wegweiser Sulzbachtäler auf einem geteerten Fahrweg über die Salzach. An der nächsten Weggabelung nach der Salzach-Brücke gehen wir links Richtung Schütthof und Untersulzbachwasserfall.
▶ Ab hier auch für Autofahrer 🚗▼
▶ Am Schütthof gehen wir nun vorbei an einer Informationstafel zum Wasserfallweg.
▶ An einer Weggabelung folgen wir dem Wegweiser „Untersulzbachfall" rechter Hand auf die rechte Bergseite.
▶ Der Weg führt nun in vielen Kehren bergauf, vorbei an einigen Aussichtskanzeln.
▶ Am Ende des Anstieges führt der Weg nun wieder bergab

über einen Bachsteg auf die andere Bachseite. Achtung der Steg darf nur einzeln betreten werden!

▶ Nach wenigen Metern bergauf, an einer Weggabelung, folgen wir nun dem Wegweiser „Untersulzbachfall, Schütthof" scharf links, auf der anderen Bachseite, weitgehend eben.

Zweite Etappe (Abstieg)

🚗

Gehzeit: 35 Minuten
175 Höhenmeter bergab

🚂

Gehzeit: 1 Stunde 5 Minuten
175 Höhenmeter bergab

▶ Nach dem Venedigerblick führt der Weg nun in vielen Kehren wieder bergab durch den Fichtenwald. Dabei kommen wir wieder an einigen schönen Aussichtskanzeln vorbei.

▶ Im Talgrund überqueren wir nun den Untersulzbach. Wenig später gelangen wir auf den Hinweg der ersten Etappe, bis zu unserem Ausgangspunkt.

▶ Der restliche Rückweg ist identisch mit der ersten Etappe (Aufstieg).

Lohnende Ziele in der Nähe

Das Schaubergwerk Hochfeld gibt Aufschlüsse über den früheren Kupferbergbau. Es ist am Ende der ersten Etappe über den sogenannten Knappenweg in etwa 30 Minuten zu erreichen. Informationen über Tourist-Info.

Schütthof

Besitzer: Familie Gassner
Anschrift: Schiedhofgasse 115
Telefon: 0043-6565-6334
Fax: 0043-6565-6334-75
Öffnungszeiten: 20.5 – Mitte Oktober, 20.12 - Ostern
Ruhetag: keiner
Betriebsurlaub: Mitte Oktober – 19.12, nach Ostern – 20.5.
Speisen: gehobene Pinzgauer Spezialitäten
Übernachtungsmöglichkeiten: diverse EZ, DZ und Familienzimmer
Anfahrt bis Zum Haus: Wie in der Anfahrtsbeschreibung für Autofahrer beschrieben.
Kartenmaterial: Freitag & Berndt, 1:50000 Großvenediger, Oberpinzgau oder AV-Karte 1:50000 Kitzbühler Alpen, Östliches Blatt
Tourismusinfo: A-5741 Neukirchen am Großvenediger , Tel: 0043-6565-6256, www.urlaubsarena-wildkogel.at

12) Zirbenzauberwald und Gletscherriesen – Der Leitenkammersteig

Charakteristik der Tour

Bei der Anfahrt in die Finkau sehen wir hinter dem Durlaßbodenstausee schon die mächtige Bergkulisse. Am Talschluss ragen über den Gletschern die 3000er Reichenspitze, der Gabler und die Wildgerlosspitze empor. Der Hauptwanderweg führt zur Zittauer Hütte. Wir gehen aber den eher einsamen Leitenkammersteig, und bleiben dennoch im Blick dieser Bergkulisse. Neben vielen Aussichtkanzeln an der Leitenkammerklamm, ist es der bezaubernde Zirbenwald, der diese Wanderung prägt. Zwischen dem Heidekraut und den Matten von Blaubeerbüschen könnte man sich fast in einen alten Heimatfilm versetzt fühlen. Schön sind auch die Tiefblicke auf den dunkelgrünen Durlaßbodenstausee und den dahinterliegenden Kitzbühler Grasbergen. Von einem breiten Schotterweg zweigt ein neu angelegter Wanderweg zur Leitenkammerklamm ab. Von den neuen Aussichtskanzeln hat man tiefe Einblicke in die Klamm. Auch ein Gletschertopf ist zu besichtigen, der bei Rückgang der Gletscher durch Auswaschungen und Abschürfungen entstanden ist – mitten im Fels ein großes, tiefes Loch, das mit Wasser ge-

Ausschnitt aus KOMPASS WK 38 Lizenz-Nr: 6-0107-LAB

füllt ist. Hinter der Trisselalm zieht sich dann der vorbildlich angelegte Leitenkammersteig mit vielen Stufen und Kehren durch den Zirbenwald steil bergauf. Oben führt der Weg weitgehend eben als Höhenweg zur Gletscherblickalm. Vorsicht ist beim Rückweg geboten, denn der Leitenkammersteig kann nach Regenfällen glitschig sein.
Von besonderer energetischer Bedeutung sind auf dem Leitenkammersteig die Zirbenwälder. Sie haben zwar möglicherweise bereits unter den Klimaveränderungen gelitten - etwa 1/3 der Nadeln sind gelb und fallen ab, - dennoch geht von diesen Bäumen ein großes Kraftfeld aus. Obwohl der Anstieg steil ist, berichten die Teilnehmer, nicht erschöpft zu sein. Auf dem Höhenweg sind es die wunderbaren Blaubeermatten und Heidekrautsträucher, die ein feine und gleichmäßige Energie abgeben. Interessant hierbei ist, dass diese Blaubeeren, im Vergleich zu den Blaubeeren auf den Kitzbühler Grasbergen, sehr süß schmecken. Ferner entweicht unter den Felsabbrüchen der Schneckenköpfe Erdstrahlung. Hier stehen auch einige alte Lerchen, die ein starkes Kraftfeld aufweisen.

Zirben in steilem Gelände

Anforderungen

Es handelt sich hier um eine Wanderung mittlerer Schwierigkeit, bei der etwas Trittsicherheit erforderlich ist.

Rastplätze

Einige Bänke laden an dem idyllischen Leitenkammersteig zum verweilen ein.

Anreise

Für eine Tagestour ist die Anreise mit der Bahn nicht realisierbar. In Verbindung mit der Tour zum Untersulzbachwasserfall und entsprechender Übernachtung z.B. in Neukirchen am Großvenediger, können Sie von dort aus mit dem Bus fahren.
In der Wandersaison fährt ein Postbus von Neukirchen am Großvenediger in die Finkau und zurück.
Infos für die Fahrt ab Zell am See: ÖBB-Post-GmbH Zell am See 06542-5444-18 oder www.urlaubsarena-wildkogel.at , Package „Sanfte Mobiltät“

Imposante Bergkulisse im Hintergrund: Reichenspitze, Gabler und Hahnenkamm

Wir fahren auf der A8 München-Salzburg bis zum Inntaldreieck und weiter auf der Inntalautobahn bis zur Ausfahrt Zillertal, Achensee. Durch das Zillertal fahren wir nach Zell am Ziller. Hier folgen wir dann der Gerlosstraße über Gerlos zum Durlaßboden-Staussee. In Höhe der Abzweigung zur alten Gerlosstraße bei Königsleiten, biegen wir rechts Richtung Finkau ein und fahren am Durlaßboden-Stausee entlang bis zur Finkau. Dort können wir unser Auto gegen Gebühr auf einem Wanderparkplatz abstellen.

Erste Etappe (Aufstieg)

Gehzeit: 3 Stunden, 15 Minuten
550 Höhenmeter bergauf
120 Höhenmeter bergab

Wir folgen dem Wegweiser „Zittauerhütte, Leitenkammersteig" auf einem breiten Schotterweg. Nach Überquerung eines Baches zweigt rechts ein neu angelegter Wanderweg in die Leitenkammer Klamm ab. Der Weg führt in Kehren durch den Wald. Sie treffen auf einige Aussichtskanzeln.

An einer Kehre des breiten Schotterweges folgen wir nun auf einem schmalen Wanderweg weiter der Beschilderung „Zittauer Hütte, Leitenkammersteig" bergauf.

Wir gelangen kurz vor der Trisselalm erneut auf einen breiten Schotterweg, dem wir wenige Meter bergauf folgen. Dann biegen wir links zur Trisselalm ein. Kurz vor der Trisselalm biegen wir rechts ab und folgen dem Wegweiser „Leitenkammersteig".

▸ Der Weg führt nun in vielen Kehren durch den Zirbenwald steil bergauf.

▸ Am Ende des Anstieges gehen wir nun weitgehend eben auf einem Höhenweg weiter.

▸ An einer Weggabelung folgen wir dem Wegweiser „Leitenkammersteig" geradeaus weiter. Zur Orientierung: Hier steht ein Wegweiser „zum Wildkarsee".

▸ Der Weg mündet nun nach etwa 2 km auf einen breiteren Schotterweg dem wir bis zur Gletscherblickalm folgen.

Zweite Etappe (Abstieg)

🚗 🚂

Gehzeit: 2 Stunden 45 Minuten
550 Höhenmeter bergab
190 Höhenmeter bergauf

Der Rückweg ist identisch mit der ersten Etappe (Aufstieg).

Anmerkung zur Tourenlegung

Sicherlich ist auch ein Abstieg von der Gletscherblickalm direkt zum Durlaßbodenstausee möglich, somit wäre eine Rundwanderung gewährleistet. Allerdings führt dieser durch die Liftanlagen eines Skigebietes, was nicht im Sinne der Autoren ist. Außerdem fehlt hier jegliche Beschilderung. Um den Wanderern die Eindrücke der Tour zu erhalten, wurde der gleiche Weg zurück gewählt.

Lohnende Ziele in der Nähe

Die Krimmler Wasserfälle sind einen Besuch wert. Über den Wasserpanoramaweg können Sie ihn gut begehen.

Gletscherblickalm

Besitzer: Familie Lerch
Anschrift: Gletscherblickalm, Hochkrimml
Telefon: 0043-664-2735127
Öffnungszeiten: Anfang Juni – 20. Oktober
Ruhetag: keiner
Betriebsurlaub: 21. Oktober – Anfang Juni
Speisen: eigene Almprodukte wie Käse und Speckjause, Strudel und Kaffee
Kartenmaterial: Freitag & Berndt, 1:50000 Großvenediger, Oberpinzgau
Tourismusinfo: A-5743 Krimml-Hochkrimml , Tel: 0043-6564-72390, www.krimml.at

Der Wind weht durch die Zirbenwälder, ihr Duft erinnert uns an die Berge Korsikas

13) Im Karwendel, wo es still ist – Die Gleirschklamm

Charakteristik der Tour

Das Karwendel bei Scharnitz ist ein beeindruckendes Gebirge. An endlosen Tälern ziehen rauhe Wände und Kare steil empor. Wer die Unendlichkeit in der Natur spüren möchte, hier kann er sie finden. Die einzige Siedlung im Gebirge ist Hinterriß, die aber fast ausschließlich im Sommerhalbjahr bewohnt ist. Im Winter mit meterhohem Schnee und Lawinenabgängen sind die Bedingungen für den Menschen zu unwirtlich. In dieser Wildnis entspringt die Isar mit ihrem typischen türkisfarbenen Wasser. Die weiten Kiesbänke, die ihren unverwechselbaren Charakter ausmachen, nimmt sie von hier mit auf ihren langen Weg.

Die Gleirschklamm wurde bereits im 16. Jahrhundert erstmals urkundlich erwähnt, da sie für die Trift bedeutend war. Die ungeheuren Holzmengen aus den Seitentälern Wengertal und Kristental wurden im Sommer und Herbst geschlägert und im Winter zum Triftsee gebracht, um sie dort zu stapeln. Zur Triftzeit wurden sie dann in den See eingelassen.

Die Tour selbst führt zunächst auf dem Isarsteig entlang der Isar, mit schönen Ausblicken in das Karwendel. Dann folgen wir auf einem breiten Wanderweg weiter dem Lauf der Isar.

Ausschnitt aus KOMPASS WK 05 Lizenz-Nr: 6-0107-LAB

Felsentor in der Gleirschklamm

Sie ist schon im Laufe des Weges in eine tiefe unzugängliche Schlucht eingebettet. Dabei zweigt rechter Hand die wildromantische Gleirschklamm ab. Der vorbildlich angelegte Klammsteg wechselt mehrmals die Bachseite, vorbei an Felsabstürzen und kleinen Wasserfällen mit schönen Gumpen. Nach der letzten Brücke mündet der Schluchtweg in ein tief eingeschittenes bewaldetes Tal, dem wir bis zu dessen Ende folgen. Auf diesem letzten Teil haben wir schöne Weitblicke in den Talschluß des Pfeistales, mit dem Stempeljoch und der Pfeiser Spitze. Die Einkehr zur Scharnitzer Alm empfehlen wir auf dem Rückweg.

Energetisch möchten wir zunächst den Isarsteig beschreiben. Hier stehen einige Kiefern mit einem beträchtlichen Baumumfang und starken Kraftfeldern. Daneben beeindruckt die mystische Aura kleinerer Zuflüsse vom Mittagskopf in die Isar, die gerade auf dem Rückweg zum Verweilen einladen. Hier können Sie sich mit den sensiblen Energien dieser wunderschönen Rinsale, die durch kleine Taleinschnitte über kleine Felsen bergab fließen, neu zentrieren. Nehmen Sie sich für diese beschaulichen Plätze ausreichend Zeit. Die Isar selbst lädt zum Aufenthalt an den Kiesbänken ein. Genießen Sie das gleichmäßige Rauschen des Flusses und das Geräusch der Kieselsteine im Wasser. Der Weg durch die Gleirschklamm selbst führt vorbei an steilen Felsflanken mit erhöhter Erdstrahlung. Beachten Sie das kleine Felsentor, das wir auf unserer Wanderung durchqueren! Der Schluchtwald am Ende des Klammweges lädt an einigen Aussichtspunkten zum Innehalten ein. Der Weitblick in den Talschluß des Pfeistales relativiert vielleicht die Größenverhältnisse der Dinge im eigenen Leben. Das Karwendel selbst ist ein karges Gebirge, in dem Wasser sofort versickert bzw. in den Bächen zu Tal fließt. Deshalb sind in den einzelnen Gebirgsflanken höchst unterschiedliche Energievorkommen anzutreffen. Sie stehen für Emotionalität und Impulsivität.

Anforderungen

Es handelt sich hier um eine durchschnittliche Wanderung. Lediglich im Bereich des Klammweges ist Trittsicherheit erforderlich.

Rastplätze

Am Isarsteig und in der Gleirschklamm gibt es viele schöne Plätze, die zum Rasten einladen. In diesen Bereichen sind auch Bänke aufgestellt.

Anreise

🚂 Von München Hauptbahnhof (bzw. auch München-Pasing) fahren wir mit dem Zug Richtung Innsbruck bis nach Scharnitz. Die Fahrzeit beträgt zwei Stunden, die Züge verkehren im 2-Stunden-Takt.

🚗 Wir fahren auf der A95 Richtung Garmisch-Partenkirchen. Am Autobahnende bei Eschenlohe fahren wir über Oberau und weiter durch den Farchant-Tunnel nach Garmisch-Partenkirchen. Weiter geht es Richtung Innsbruck, vorbei an Mittenwald bis nach Scharnitz. In Scharnitz folgen wir vor der Kirche dem Wegweiser „Karwendeltäler" links durch die Bahnunterführung bis zum Wanderparkplatz.

Erste Etappe (Aufstieg)

🚂

Gehzeit: 2 Stunden 15 Minuten
280 Höhenmeter bergauf,
180 Höhenmeter bergab
(Summe aller An- und Abstiege)

🚗

Gehzeit: 1 Stunde 50 Minuten
280 Höhenmeter bergauf,
180 Höhenmeter bergab
(Summe aller An- und Abstiege)

▶ Am Bahnhof folgen wir dem Wegweiser „Karwendeltäler" zur Hauptstraße.

▶ An der Hauptstraße gehen wir links dem Wegweiser „Karwendeltäler" folgend.

Der Gleirschbach wird immer wieder von Gumpen unterbrochen

Die Pleisenspitze im Abendlicht des Karwendels

▶ Vor der Kirche biegen wir links ab und gehen durch die Bahnunterführung, dem Wegweiser „Karwendeltäler" folgend, auf einer geteerten Straße.

▶ Wir gehen zum großen Wanderparkplatz

▶ Ab hier auch für Autofahrer 🚗 ▼

▶ Am östlichen Ende des Wanderparkplatzes gehen wir weiter auf der geteerten Fahrstraße, dem Wegweiser „Karwendeltäler, Naturlehrweg" folgend.

▶ In Höhe des Prantlhofes biegen wir rechts auf einen Wanderweg ein, dem Wegweiser „Naturlehrweg, Isarsteig, Scharnitzer Alm" folgend.

▶ An einer Aussichtsbank folgen wir dem Wegweiser „Scharnitzer Alm".

▶ An der nächsten Weggabelung folgen wir dem Wegweiser „Scharnitzer Alm – Naturlehrweg".

▶ Am Ende des Isarsteiges - hier führt eine breite Brücke auf unsere Bachseite - folgen wir dem Wegweiser „Scharnitzer Alm" auf einem breiten Schotterweg.

▶ Wir gehen nun auf einem breiten Schotterweg vorbei an der Scharnitzer Alm weiter in das Isartal.

▶ Nach etwa 800 m folgen wir an einer Weggabelung dem Wegweiser „Gleirschklamm, Gleirschtal" geradeaus. (Zur Orientierung, wir ignorieren hier den Wegweiser Wiesenhof)

▶ Der breite Schotterweg führt zunächst weiter bergauf, dann geht es in einigen Kehren bergab.

▶ Wir überqueren nun die Brücke des Gleirschbaches, dann folgen wir dem Wegweiser „Gleirschtal-Fahrweg" etwa 20 Meter bergauf.

▶ Nun folgen wir dem Wegweiser „Gleirschklamm" rechts in die Schlucht. Dabei ignorieren wir den Wegweiser „Gleirschhöhe, Scharnitz".

▶ Der schmalen Klammweg führt entlang des Gleirschbaches bergauf und wechselt dabei mehrmals die Bachseite.

▶ An einem Steg, neben einer Bank (zur Orientierung, hier steht in der Gegenrichtung der Wegweiser „Gleirschklamm, Nederweg") wechseln wir die Bachseite und gehen weiter bergauf.

▶ Wir folgen weiter dem Klammweg durch ein nun tief eingeschnittenes bewaldetes Tal.

▶ Am Ende des Schluchtweges steht eine Informationstafel zur Holztrift, hier endet die Tour der ersten Etappe.

Zweite Etappe (Abstieg)

Gehzeit: 2 Stunden 5 Minuten
180 Höhenmeter bergauf,
280 Höhenmeter bergab
(Summe aller An- und Abstiege)

Gehzeit: 1 Stunde 40 Minuten
180 Höhenmeter bergauf,
280 Höhenmeter bergab
(Summe aller An- und Abstiege)

Der Rückweg ist identisch mit der ersten Etappe (Aufstieg).

Lohnende Ziele in der Nähe

Ein Abstecher nach Mittenwald in die schöne Altstadt ist zu empfehlen. Die alten Häuser mit ihrer Lüftlmalerei und die steilaufragenden Wände des Karwendels, bieten eine eindrucksvolle Kulisse. Mittenwald ist auch für Bahnfahrer gut zu erreichen.

Scharnitzeralm

Pächter: Neuner Roland
Anschrift: Scharnitzeralm, A-6108 Scharnitz
Telefon: 0043-664-5234567
Öffnungszeiten: Mitte Mai bis Anfang Oktober
Ruhetag: keiner
Betriebsurlaub: Anfang Oktober bis Mitte Mai
Speisen: eigene Almprodukte, Kuchen, Speckjause, Suppen, warme Speisen
Kartenmaterial: Topographische Wanderkarte des Bayerischen Landesvermessungsamtes 1:5000 Karwendelgebirge
Tourismusinfo: Infozentrum Karwendel in Scharnitz,
Tel: 0043-5213-5270
Internet: www.karwendel.org
E-mail: info@karwendel.org.

Auf der Suche nach unseren wahren Glücksgefühlen stoßen wir immer wieder auf die unendliche Weite in der Natur.

14) Im vergessenen Estergebirge – Über die Kuhfluchtwasserfälle auf den Hohen Fricken

Charakteristik der Tour

Das Estergebirge ist ein vergessenes Gebirge. Viel zu steil und zu schroff sind seine Anstiege bis auf 2000 m Höhe. Urlauber fahren in die bekannten Ferienorte wie Garmisch oder nach Österreich. Es ist zudem ein Gebirge mit vielen Geheimnissen. Wildromantisch fließen die Kuhfluchtwasserfälle aus den Felswänden unter dem Hohen Fricken heraus. Unweit davon liegt die schwer einsehbare Frickenhöhle, eine von mehreren Höhlen im Berg, die nicht öffentlich sind. Selbst für Fachleute ist sie nur schwer erreichbar, da das Felsgelände steil und brüchig ist. Der höchste Gipfel des Estergebirges ist der sogenannte Bischof mit beachtlichen 2033 m.

Die Tour selbst führt entlang den Kuhfluchtwasserfällen in vielen Kehren bergauf auf einem steil ansteigenden Steig. Immer wieder fällt dabei der Blick tief hinunter in das Loisachtal, nach Garmisch Partenkirchen und dem dahinter steil aufragenden Wettersteingebirge mit Alp- und Zugspitze sowie dem Waxenstein. An einer Weggabelung können wir nun zu einem Rastplatz unweit der oberen Wasserfälle gehen, wo sie aus den Felswänden entspringen. Entweder wir drehen hier um, oder aber wir gehen

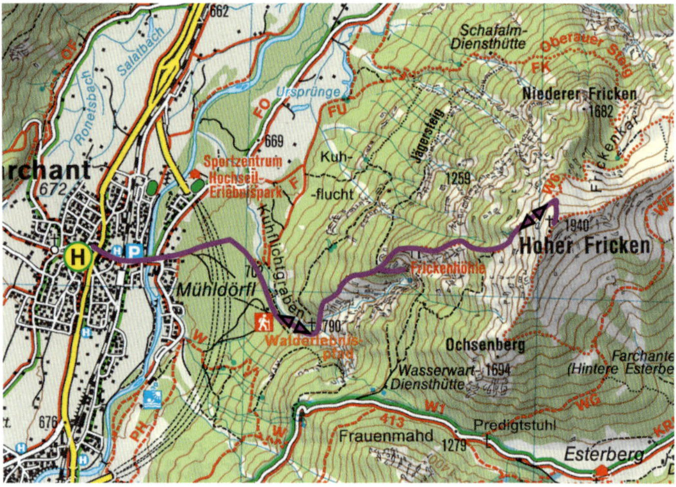

Ausschnitt aus KOMPASS WK 05 Lizenz-Nr: 6-0107-LAB

weiter steil bergauf bis zum Hohen Fricken. Von ihm aus weitet sich der Blick in das Werdenfelser Land, hinüber zu den Bergen des Karwendels.
Energetisch ist schon die Namensschöpfung interessant: „Zu den Ursprüngen" heißt es auf dem ersten Wegweiser, der paradigmatisch für diese Tour stehen könnte. Die Landschaft wirkt unberührt und ursprünglich. Für uns kann es bedeuten: Zurück zu den eigenen Wurzeln. Lassen Sie sich von dieser Umgebung inspirieren! Die Wurzeln der großstämmigen Bergkiefern am Anstieg reichen tief. Die Bäume sind mindestens 150 Jahre alt und weisen enorme Kraftfelder auf. Sie haben einen ungewöhnlich großen Umfang, so dass es auch Erwachsenen nicht möglich ist, diese Bäume zu umarmen. Da vor allem im unteren Anstieg viele dieser Bäume anzutreffen sind, befindet sich das ganze Waldstück in diesem Bereich, in einem Feld höherer Energie. Ein nahezu magischer Ort ist der Rastplatz in der Nähe der oberen Wasserfälle. Die steilen Felswände auf der gegenüberliegenden Seite scheinen einen anzuziehen. Im oberen Bereich der Wanderung sind es dann einige alte Lerchen, die größere Kraftfelder aufweisen.

Anforderungen

Es handelt sich hier um eine anstrengende Wanderung. Trittsi-

Verweilen an den Kuhfluchtwasserfällen

cherheit, Kondition und etwas Schwindelfreiheit sind hier erforderlich. Die Tour kann natürlich beliebig abgekürzt werden, zum Beispiel bis zum Rastplatz der oberen Wasserfälle.

Rastplätze

Wie eingangs bereits erwähnt ist an einer Weggabelung ein Rastplatz im Bereich der oberen Wasserfälle. Ansonsten ist es vor allem danach im zunehmend steilen Gelände schwierig, sich ein flaches Plätzchen für eine Rast zu suchen.

Anreise

Von München Hauptbahnhof fahren wir mit dem Zug Richtung Garmisch-Partenkir-

Blick vom Hohen Fricken auf die Zugspitze

chen bis nach Oberau. Die Züge verkehren stündlich. Von dort fahren wir mit dem RVO-Bus 9606 weiter Richtung Garmisch-Partenkirchen bis Farchant-Maibaum. Es verkehren täglich mehrere Busse.
Tel: 8821-948274 im Internet unter www.rvo-bus.de
🚗 Wir fahren auf der A95 Richtung Garmisch-Partenkirchen. Am Autobahnende bei Eschenlohe fahren wir über Oberau Richtung Farchant. Vor dem Farchant-Tunnel biegen wir nach Farchant ab. In Farchant biegen wir links in die Bahnhofstraße ein. Dann überqueren wir den Bahnübergang und fahren geradeaus in die Mühldörflstraße. Nach Überquerung der Loisachbrücke biegen wir links in die Kuhfluchtstraße ein, der wir bis zum Wanderparkplatz folgen.

Erste Etappe (Aufstieg)

🚂

Gehzeit: 4 Stunden
1270 Höhenmeter bergauf

🚗

Gehzeit: 3 Stunden 45 Minuten
1260 Höhenmeter bergauf

▶ Wir gehen vom Maibaum in Richtung Norden die Hauptstraße entlang.

▶ Am Gasthof, Hotel Kirchmeier biegen wir rechts in die Bahnhofstraße ein.

▶ Wir überqueren den Bahnübergang und gehen weiter geradeaus in die Mühldörflstraße.

▶ Nach Überquerung der Loisachbrücke biegen wir links in die Kuhfluchtstraße ein.

▶ Die Straße mündet in einen breiten Schotterweg, der wir zum Wanderparkplatz folgen.

▶ Ab hier auch für Autofahrer 🚗 ▼

▶ Am Wanderparkplatz folgen wir dem Wegweiser „Kuhfluchtwasserfälle, Rundweg zu den Ursprüngen".

▶ An der ersten Wegkreuzung an der Schutzhütte gehen wir wenige Meter geradeaus, dann folgen wir an einer Weggabelung dem Wegweiser „Hoher Fricken" geradeaus.

▶ Am Ende des breiten Schotterweges folgen wir dem Steg auf die andere Bachseite.

▶ Der Weg führt nun in vielen Kehren auf einem schalen Wanderweg steil bergauf, wir halten uns dabei immer an die orange Markierung.

▶ Nach etwa 1 Stunde 15 Minuten erreichen wir eine Weggabelung. Dort können wir der grünen Markierung zu einem Rastplatz unweit der oberen Wasserfälle folgen. Achtung: Hier bitte auf keinen Fall in die Schlucht weitergehen, da das Gelände hier sehr steil und brüchig ist.

▶ Wir gehen nun den grün markierten Weg wieder zurück und folgen dann der orangen Markierung weiter bergauf. Bis zum Gipfel des Hohen Fricken gehen wir noch etwa 2 Stunden und 15 Minuten. Es ist aber natürlich auch möglich, bereits hier umzukehren.

Zweite Etappe (Abstieg)

Gehzeit: 3 Stunden 30 Minuten
1270 Höhenmeter bergab

Gehzeit: 3 Stunden 15 Minuten
1260 Höhenmeter bergab

Der Rückweg ist identisch mit der ersten Etappe (Aufstieg). Bitte ignorieren sie hierbei den Wegweiser „Hagglasteig", da dieser über gefährlich steiles und brüchiges Gelände führt. Folgen Sie bitte dem Wegweiser „Kuhfluchtsteig" bergab, unserer Aufstiegsroute.

Lohnende Ziele in der Nähe

Ein Abstecher nach Garmisch-Partenkirchen, in den Ortsteil Partenkirchen mit seinen urtümlichen Ortsbild ist lohnenswert. Bahnfahrer können hierzu mit dem Stadtbus nach Garmisch-Partenkirchen fahren und später von dort mit dem Zug nach München zurückfahren.

Einkehrmöglichkeit nach der Tour

Viele gemütliche Gasthöfe und schöne Kaffees stehen im Ortszentrum von Farchant zur Verfügung. Hier fällt die Entscheidung schwer sich festzulegen!

Der Weg zu den Ursprüngen der Natur
ist auch der Weg zu den eigenen Wurzeln.

15) Stille Wasser, tiefe Schlucht – Die Finzbachklamm

Charakteristik der Tour

Die Finzbachklamm liegt in den östlichen Ausläufern der Estergebirges. Der gleichnamige Fluß hat dort seinen Ursprung und mündet bei Wallgau in die Isar. Er fließt durch sanft geschwungene, bewaldete Vorberge. Die Tour steht im Zeichen von Ruhe und Entspannung, schon weil am Beginn die Weite beeindruckend ist. Da schweift der Blick über die Wiesen von Wallgau und Krün, hinüber zum Wettersteingebirge mit seinen markanten Bergen, der Alpspitze und der Zugspitze. Weiter nach Osten sehen wir die Arnplattenspitze. Daneben ragt der weitläufige „Felsenzirkus" des Karwendels auf. Direkt vor uns, auf dem Weg zur Schlucht, sehen wir die markantesten Berge des Estergebirges. Der Bischof mit stattlichen 2033 m und die Hohe Kiste. Die Gegend sieht hier aus wie gemalt. Als ob der Herrgott sich beim Modellieren der Landschaft alle Kraft und Mühe hat kosten lassen.
Schön, dass hier bereits am Ortsende von Krün ein Fahrverbot für alle Autos besteht, so können wir auf der Anmarschroute

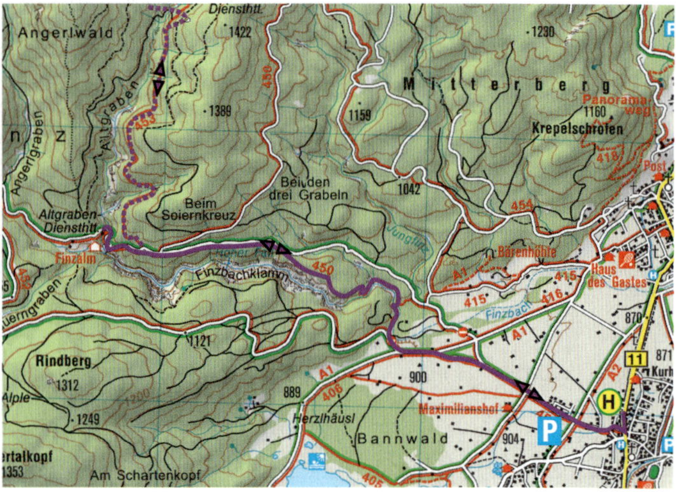

über die weiten Wiesen zwischen Wallgau und Krün ohne Autolärm wandern. Später wird der breite Wanderweg am Eingang der Klamm zu einem beschaulichen Wanderweg, entlang des ruhig dahinfließenden Finzbaches. Zunächst geht es auf und ab in der Klamm, bevor der Weg dann auf die Hangkante führt und immer wieder schöne Tiefblicke in die Schlucht freigibt. Später folgen wir dann einem breiten Schotterweg, erst bergauf, dann eben, bis zur beschaulichen Finzalm. Wenn das Weidevieh auf dem Hochleger - das ist im westbayerischen Sprachschatz die Hochalm - im August weidet, ist die Finzalm geschlossen. Dann können wir zur Krüner Alm aufsteigen, die allerdings ca. 500 Höhenmeter höher liegt. Wem das zu weit ist, der kann auf den Wiesen rund um die Finzalm, seine mitgebrachte Brotzeit essen - direkt am lauschigen Finzbach.
Energetisch zeichnet sich die Wanderung, vor allem durch die gleichmäßig ruhige Strahlung in der Klamm aus. Die Wanderung führt durch die Vorberge. Durch die relativ schwache Gesteinsauffaltung in diesem Bereich fehlt es den Bergen an Masse. Diese besteht größtenteils aus aufgeschüttetem Gesteinsmaterial, weniger aus massivem Fels. Ferner sind es die alten Laubbäume in der Klamm, die diese ruhige Strahlung abgeben. Es gibt aber auch Orte mit höherer Energie. Zum einen sind es die Felsen, die wir von der Hangkante in der Schlucht bewundern können. Zum anderen passieren wir auf der Wanderung eine Felsnische, die ein ganz besonderer Kraftort ist. Bei genauem hinspüren scheint es so, als ob hier Menschen schon vor langer Zeit Zuflucht gesucht haben. Vielleicht entstehen beim Anblick dieses Ortes ihre eignen Bilder dazu.

Felsnische in der Klamm

Anforderungen

Es handelt sich hier um eine einfache Wanderung. Allerdings

ist zum Besuch der Krüner Alm durch die zusätzlich anfallenden Höhenmeter (etwa 500) sehr gute Kondition erforderlich. Wenn der Weg in Nähe der Hangkante der Schlucht verläuft, ist zudem etwas Vorsicht geboten: Gehen Sie nicht zu nah an den Abbrüchen der Schlucht entlang.

Rastplätze

Gerade in der Finzbachklamm gibt es viele schöne Rastplätze. Hier sind auch vereinzelt Bänke aufgestellt. Auch hinter der Finzalm gibt es entlang des Finzbaches viele schöne Plätze.

Anreise

Von München Hauptbahnhof fahren wir mit dem Zug Richtung Garmisch-Partenkirchen bis nach Tutzing. Von dort haben wir Direktanschluß nach Kochel. Die Züge fahren stündlich. In Kochel fahren wir mit dem RVO-Bus 9608 weiter Richtung Garmisch-Partenkirchen bis Krün Gasthof Post.
Es verkehren täglich mehrere Busse.
Tel: 8821-948274 im Internet unter www.rvo-bus.de

Wir fahren auf der A95 München-Garmisch-Partenkirchen bis zur Ausfahrt Großweil. Über Großweil und Schlehdorf fahren wir nach Kochel. Dort biegen wir rechts Richtung Mittenwald-Innsbruck ab, und fahren auf der Kesselbergstraße, vorbei am Walchensee bis nach Krün. In Krün biegen wir am Gasthof zur Post, rechts in die Krottenkopfstraße ein und folgen dem Wegweiser „Finzbachklamm“. Achtung: Beide Schilder sind an der Rückseite des Hauses angebracht und können erst beim Einbiegen gesehen werden. Wir fahren nun geradeaus bis zur Kreuzung der Finzbachstraße, hier biegen wir rechts ab. Am Wanderparkplatz können wir gegen Gebühr parken. Übernachtungsgäste können gegen Auslage der Gästekarte an der Windschutzscheibe kostenlos parken.

Erste Etappe (Aufstieg)

Gehzeit: 2 Stunden
200 Höhenmeter bergauf
(Summe aller Anstiege)

Gehzeit: 1 Stunde 45 Minuten
210 Höhenmeter bergauf
(Summe aller Anstiege)

▶ Am Gasthof zur Post, gehen wir rechts in die Krottenkopfstraße und folgen dem Wegweiser „Finzbachklamm“. Achtung: Beide Schilder sind an der Rückseite des Hauses angebracht und können erst beim Vorbeigehen gesehen werden.
▶ Wir folgen dem geteerten Fahrweg geradeaus.
▶ Ab hier auch für Autofahrer ▼
▶ In Höhe der Kreuzung Finzbachstraße überqueren wir den Finzbach und folgen dem Wegweiser „Barmsee-Rundweg,

Tiefblick in die Klamm

Maximilianshof".

▶ An einer Kreuzung des geteerten Fahrweges folgen wir dem Wegweiser „Finzalm, Esterbergalm" geradeaus.

▶ An einer weiteren Weggabelung folgen wir links dem Wegweiser „Finzbachklamm". Achtung: Auch rechts steht der gleiche Wegweiser, wir gehen aber links.

▶ An einer Holzlagerstelle, an einer Weggabelung gehen wir nun rechts, dem Wegweiser „Finzbachklamm" folgend, auf einem breiten Schotterweg.

▶ An der nächsten Weggabelung folgen wir nun dem Wegweiser „Finzbachklamm" auf einem Wanderweg. Der Weg führt nun entlang des Finzbaches, den wir dann an einem Stauwehr überqueren. Auf der anderen Bachseite folgen wir erneut dem Wegweiser „Finzbachklamm" bergauf über einige Stufen.

▶ An der nächsten Weggabelung folgen wir links dem Wegweiser „Finzalm" linker Hand.

▶ Der Weg führt nun erneut entlang des Finzbaches durch die Klamm, vorbei an einer Felsnische bergauf, bis er dann in Nähe der Hangkante direkt entlang der Schlucht verläuft. Wir folgen immer der roten Markierung.

▶ An einer Weggabelung folgen wir nun links dem breiten Schotterweg, dem Wegweiser „Finzalm" folgend.

▶ An einer scharfen Rechtskurve des breiten Schotterweges, folgen wir dem Wegweiser „Finzalm" geradeaus, auf einem etwas schmäleren Schotterweg.

▶ An einer Gabelung des Schotterweges folgen wir wieder dem Wegweiser „Finzalm". Ab hier sind es nur noch wenige Meter bis zur Finzalm.

▶ Wir empfehlen, wie an den Rastplätzen auch beschrieben, noch ein Stück in das Finzbachtal weiterzugehen. Hier gibt es viele schöne Plätze. Dazu folgen wir dem Weg hinter der Finzalm weiter.

Zweite Etappe (Abstieg)

🚂

Gehzeit: 1 Stunde 45 Minuten
210 Höhenmeter bergab
(Summe aller Abstiege)

🚗

Gehzeit: 1 Stunde 45 Minuten
200 Höhenmeter bergab
(Summe aller Abstiege)

Der Rückweg ist identisch mit der ersten Etappe (Aufstieg).

Einkehrmöglichkeit nach der Tour

Auf dem Rückweg bietet sich eine Einkehr im Maximilianshof an. Von hier hat man einen wunderbaren Ausblick auf das Massiv des Wetterstein- und Karwendelgebirges. Beliebt sind die hausgemachten Strudel, Kuchen und Germknödel. Kurz vor Krün ist der Weg dorthin ausgeschildert.

Lohnende Ziele in der Nähe

Zum Walchensee ist es nicht weit. Er bietet schöne Weitblicke hinüber nach Sachenbach und Niedernach. Auch Busfahrer können hier auf der Rückfahrt an einigen Haltestellen aussteigen und einen Zwischenstop einlegen.

Finzalm

Besitzer: Forst- und Weidegenossenschaft Krün eG
Öffnungszeiten: Mitte Mai bis Anfang Oktober
Ruhezeiten: Juli und August ist zur Viehhaltung der Hochleger (Krüner Alm) geöffnet. Die Finzalm ist dann geschlossen.
Speisen: Brotzeiten
Kartenmaterial: Topographische Wanderkarte des Bayerischen Landesvermessungsamtes 1:5000 Karwendelgebirge
Tourismusinfo: Tourist-Info Krün, Schöttlkarspitzstr. 15, 82494 Krün, Tel: 08825-1094 Fax 08825-2244, Internet www.kruen.de bzw. touristinfo@kruen.de

Leise Wasser und weite Wiesen geben uns die Gelegenheit ein wenig in unser Inneres zu schauen.

Edition Förg

Entdecken Sie
die Regionalreiseführer der Edition Förg
schon ab € 7,95 !

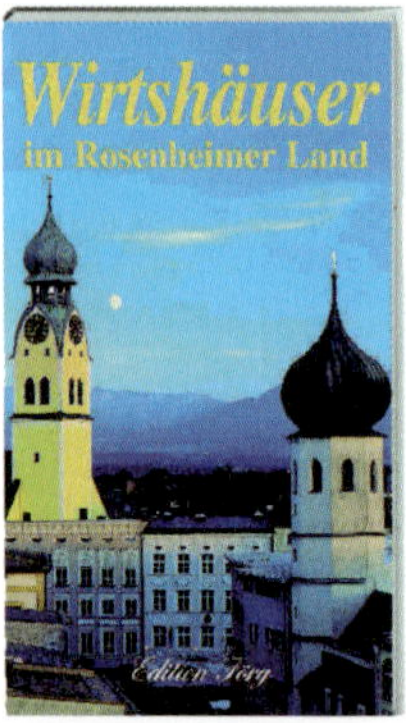

Bildnachweis:

Alle Abbildungen in diesem Buch stammen vom Verfasser, soweit nicht nachstehend anders angegeben:
Bernd Römmelt, München: Titelfoto, Seite 30

Die in diesem Buch abgedruckten Karten sind Ausschnitte aus den angegebenen KOMPASS-Karten. KOMPASS Karten GmbH, A-6063 Rum/Innsbruck, Österreich. Lizenznummer: 6-0107-LAB. Der Verlag dankt für die freundliche Genehmigung zum Abdruck. Der Routenverlauf der im Buch beschriebenen Touren, mit Zusatzangaben zum Start- oder Zielpunkt, wurde eingezeichnet von der KCS GmbH, Buchholz in der Nordheide.

Seitenlayout und Satz: KCS GmbH, Buchholz i. d. Nordheide
Druck und Bindung: Graspo CZ, a.s., Zlin
Printed in the Czech Republic

ISBN: 978-3-933708-25-0